CONNAISSANCES

NÉCESSAIRES

A UN

BIBLIOPHILE

~~~~~~~~~~

Seconde Édition
revue, corrigée et augmentée

PARIS

LIBRAIRIE ANCIENNE ET MODERNE

ÉDOUARD ROUVEYRE

I, RUE DES SAINTS-PÈRES, I

—

ÉTABLISSEMENT D'UNE BIBLIOTHÈQUE

CONSERVATION
ET ENTRETIEN DES LIVRES

DE LEUR FORMAT ET DE LEUR RELIURE

MOYENS DE LES PRÉSERVER DES INSECTES

DES SOUSCRIPTIONS ET DE LA DATE

DE LA COLLATION DES LIVRES

DES SIGNES
DISTINCTIFS DES ANCIENNES EDITIONS

DES ABRÉVIATIONS USITÉES
DANS LES
CATALOGUES POUR INDIQUER LES
CONDITIONS

DE LA CONNAISSANCE ET DE L'AMOUR DES
LIVRES,
DE LEURS DIVERS DEGRÉS DE RARETÉ

MOYENS A EMPLOYER POUR DÉTACHER,
LAVER ET ENCOLLER
LES LIVRES, ET RÉPARATION DES PIQURES
DE VERS
DES DÉCHIRURES ET DES CASSURES
DANS LE PAPIER

IL A ÉTÉ TIRÉ DE CETTE ÉDITION :

50 exemplaires sur papier vergé,

numérotés de 1 à 50 ▬▬▬

10 exemplaires sur papier de Chine,

numérotés de 51 à 60 ▬▬▬

CONNAISSANCES

NÉCESSAIRES

A UN

BIBLIOPHILE

Seconde Édition
revue, corrigée et augmentée

PARIS

LIBRAIRIE ANCIENNE ET MODERNE

ÉDOUARD ROUVEYRE

I, RUE DES SAINTS-PÈRES, I

—

1878

L'accueil bienveillant que les bibliophiles et les libraires ont bien voulu faire à ce livre, l'épuisement rapide d'une première édition tirée à mille cinquante exemplaires, les demandes qui nous ont été adressées, nous ont engagé à en donner une seconde édition, revue, corrigée et augmentée.

Les savants ne faisant d'âge en âge que jalonner la route à ceux qui suivent, nous devons, de prime saut, rendre hommage à nos maîtres en bibliographie qui nous ont précédé et dont les travaux sont connus du monde entier.

Au nombre de ces travaux, dont les titres seuls

formeraient un volume, nous devons citer l'excel-
lent « Dictionnaire de bibliologie catholique » de
M. Gustave Brunet, dont les bibliophiles connais-
sent l'érudition, et dont les ouvrages prennent le
premier rang dans toute bibliothèque ; puis, le magnifique ouvrage publié par M. Edward Edwards,
sous le titre de « Mémoirs of Libraries », celui
de M. le docteur Julius Petzhold « Katechismus der
Bibliothekenlehere », ceux du bibliophile Jacob
(Paul Lacroix), de MM. Octave Delepierre,
L. Lalanne, Achard, Peignot, Boulard, Didot,
Psaume, Nodier, Caillot et tant d'autres dont
les noms nous échappent.

Bravant l'opinion émise par Condorcet, que les
épîtres dédicatoires avilissent l'auteur, même
lorsque l'ouvrage peut inspirer l'estime et le respect,
et nous autorisant de la manière de voir de Flé-
chier, que l'opinion est une connaissance douteuse
qui n'est pas sans apparence et sans fondement,
mais qui n'a pas de certitude, nous terminerons

cette épître en dédiant la seconde édition des « Connaissances nécessaires à un bibliophile » à la mémoire de l'immortel

J. CH. BRUNET,

Auteur du Manuel du libraire
et de l'amateur de livres.

A première vue, les détails relatifs à l'établissement d'une bibliothèque, à la conservation
et à l'entretien des livres paraîtront peut-être
trop techniques pour intéresser un grand nombre
de lecteurs. Aussi est-ce dans cette prévision
que nous avons fait l'analyse des chapitres de
cet ouvrage et que nous l'avons placée à la
suite de cette *préface*. En y jetant un coup
d'œil, le lecteur pourra se convaincre que nous
n'avons rien négligé pour l'intéresser à ce livre.

Nous sommes de l'avis de Nodier qui ne pen-
sait pas qu'il soit permis de négliger tout à fait
des détails, souvent arides à la vérité, mais que

l'histoire bibliographique et la philologie réclament aujourd'hui avec empressement.

. . . .

. . . .

Aujourd'hui, nous ne nous sommes pas caché que l'entreprise de parler d'une chose que nous aimons, n'était pas à la hauteur du sujet traité ; mais nous avons compté sur la bienveillance des critiques et sur l'intérêt que les bibliophiles attachent à tout ce qui leur parle du livre.

En effet, quoi de plus intéressant qu'un livre, si ce n'est l'étude, l'habillement et la conservation de ce livre !

Nous ne sommes plus, Dieu merci, au temps où J. Fleischer s'écriait :

« J'aimerais mieux manger du bronze que de faire de la bibliographie en France. »

ANALYSE DES CHAPITRES

Établissement d'une bibliothèque d'amateur.
Conservation et entretien des livres.

Signification du mot bibliothèque. — Son emploi.
= Bibliothèque de l'amateur. — Son exposition et
son emplacement. = Opinions de Nodier, Caillot et
Peignot. = Local choisi sans humidité, ni poussière.
= Préservation de la bibliothèque. — Soins à lui
donner. = Conservation des livres et des reliures.
= Conservation intérieure d'un livre. = Bois à em-

ployer pour la construction d'une bibliothèque. = Tablettes de bibliothèque. = Désordre évité dans le placement des livres. = Détail d'un meuble destiné à recevoir des livres précieux. = Description d'une bibliothèque de luxe et non d'un meuble hétéroclite dont on ne peut deviner l'usage.

Format des livres.

Ignorance des formats, source d'erreurs bibliographiques graves. = Format. — D'où tire son nom. = Imprimeur emploie papier plus grand ou plus petit ou imprime par demi-feuille. = Petits formats offrent des doutes. — Moyens de les connaître. — Pontuseaux, vergeures, marques d'eau, réclame, signature. — *Quid ?* = Pliage de la feuille dans chaque format. Combien de pages. = Table des dénominations de formats. = Connaissance certaine des formats à la simple inspection du livre.

Reliure des livres.

Reliure vélin de Hollande. = Reliure à la grecque. — Reliure dos brisé. = Demi-reliure. = Carton-

nage Bradel. = Choix d'un relieur, chose importante.
=Magnifique reliure recommandation d'un livre médiocre. — Reliure d'amateur. — Sa description. =
Conditions d'une bonne reliure. = Temps nécessaire
au relieur. — Livres nouveaux achetés brochés,
pourquoi? — Recommandations à faire au relieur. —
Régularité de la pliure. — Livre trop battu. = Couture, point capital de la reliure. = Précaution prise
par quelques amateurs. = Intégrité des marges,
précieuse. = Notes marginales, à conserver. = Couverture des livres. = Choix des couleurs. = Titre
inscrit sur le dos du volume, rédigé d'avance. = Reliure *parlante*. = Opinion sur la reliure et la demi-
reliure.=Livres imprimés sur vélin. —Soins qu'ils
exigent. = Reliure de livres anciens à conserver,
pourquoi? = Titres de noblesse du livre. = Physionomie des livres anciens.—En quoi elle consiste.

Moyens de préserver les livres des insectes.

Ennemis de la bibliothèque. — Insectes. — Humidité. — Rats... et emprunteurs. — Opinion de
J. Janin sur ces derniers. = Pline, son moyen pour
éloigner les souris. — Insectes, fléau des bibliothèques.
— Lesquels? = Observations et opinions de Ch.

Mentzelius, Prediger, d'Alembert, Fabbroni, Boulard, Peignot, Lesné, Nodier, etc. = Magnifique bibliothèque ravagée par les dermestes. — Exemple. = Quels moyens employés pour les détruire. — Nodier, son curieux et intéressant préservatif contre les insectes. = Reliures, berceaux des vers. — Lesquelles. = Reliures éloignant les vers. — Lesquelles. = Expérience de quatre siècles. = Goût fatal des mites pour les livres. — La cause. — Moyens d'y remédier. = Odeurs mortelles pour les insectes. — Lesquelles? = Duchêne ainé, son moyen proposé à la Bibliothèque du Roi. = Conservation de livres dans des meubles très-altérés. — Insectes, fléau du Levant. = Manuscrits tombant en poussière. = Conseil aux bibliophiles.

Des souscriptions et de la date.

Souscription. — *Quid ?* Souscriptions en vers et en prose. = Souscriptions manuscrites. = Fraudes et erreurs. = Date écrite de plusieurs manières. = Chiffres romains ou arabes. = Connaissance des chiffres romains. = Tableau des chiffres romains. = Combinaisons employées par les imprimeurs pour augmenter ou diminuer la valeur de ces signes numériques. = Ouvrages imprimés en Hollande. = La manière dont leur date est écrite. = Dates difficiles à deviner, exemples : = Dates écrites en toutes lettres. = Dates différentes sur le titre et à la fin d'un ouvrage. — Source d'erreurs. = Ouvrages ne portant ni date, ni désignation de villes, ni nom d'imprimeur = Fausseté des dates, erreurs ou fraudes.

Collation des livres.

Avis aux amateurs. = Ouvrage complet. — Quand ? = Collation avant la reliure comme après. — Chose nécessaire. — Pourquoi ? = Livres du xve siècle, difficiles à collationner. — Comment ? = Collationnement des livres des xvie, xviie, xviiie siècles. — Chiffres de pagination, réclames, registres. — *Quid ?* = Manière expéditive de collationner. — Ouvrages à figures. = Nombre et qualité. — En quoi consiste. = Figures tirées en couleur. — Attention à y apporter. = Ouvrages composés de plusieurs pièces. = Livres à carton. = Ouvrages terminés. = Suite publiée après. — Exemple.

Des signes distinctifs des anciennes éditions.

Absence des titres sur une feuille séparée. = Lettres capitales. = Virgule et points virgules. = Figuration de la virgule dans les anciennes éditions. = Inégalité et grossièreté des types. = Manque de chiffres de paginations, signatures et réclames. = Solidité et épaisseur du papier. = Abréviations.

Abréviations usitées dans les catalogues
pour indiquer les conditions.

Utilité de ce chapitre. = Langue particulière de la bibliographie. = Abréviations. — A quoi servent. = Moyen de les connaître. = Table des abréviations bibliographiques. = Quelques exemples.

De la connaissance et de l'amour des livres.
De leurs divers degrés de rareté.

Difficulté de trouver des livres. = Deux sortes de livres rares. = Rareté absolue et rareté relative. = *Des livres dont la rareté est absolue* (ouvrages tirés à petit nombre, ou supprimés, ou détruits, ou non achevés, ou imprimés sur papier spécial). = *Des livres dont la rareté est relative* (grands ouvrages, pièces volantes, histoire particulière des villes.

histoires des académies et sociétés littéraires, vies des savants, catalogues des bibliothèques publiques et particulières, livres de pure critique,... d'antiquités,... arts curieux,... livres écrits en langues peu connues). — *Les livres condamnés* (arts superstitieux, livres paradoxes et hétérodoxes, livres obscènes, livres séditieux). = *Des éditions dont la rareté est relative* (éditions faites sur des manuscrits anciens, les premières éditions de chaque ville, éditions faites chez les célèbres imprimeurs des XVIe, XVIIe et XVIIIe siècles éditions imprimées avec lettres et caractères extraordinaires, éditions qui n'ont jamais été en vente, éditions débitées sous différents titres).

Essai sur les moyens de détacher, de laver et encoller les livres ; et sur la réparation des piqûres de vers, des déchirures et des cassures dans le papier.

Taches grasses. Taches de suif, de stéarine, de graisse ; taches produites par l'attouchement des doigts, l'huile, l'encre d'impression. *Taches maigres.* Taches de rouille, de boue, de cire à cacheter, d'encre usuelle, d'humidité, de poussière. = *Lavage et encollage des livres.* Encollage à chaud et à froid, sa préparation et son emploi. = *Réparation des piqûres de vers, des déchirures et des cassures dans le papier.* = Piqûres de vers disparues. = Deux procédés employés. — Lesquels. = Déchirures réparées. = Quelle colle à employer. = Cassure (enlèvement du morceau de papier) réparée avec attention et adresse ; impossibilité d'en reconnaître la place. — Procédé simple et pratique. — Quel papier et quelle colle à employer pour cette réparation.

ÉTABLISSEMENT

D'UNE

BIBLIOTHÈQUE D'AMATEUR

CONSERVATION ET ENTRETIEN

DES LIVRES

Le mot Bibliothèque, formé de *biblion*, livre, et de *thèkè*, armoire, boîte, peut être pris dans plusieurs sens. Il signifie, soit une collection de livres rangés dans un ordre quelconque sur des tablettes ou rayons, à découvert ou enfermés dans des armoires à vitraux ou à grillages, soit un édifice construit pour recevoir une grande collection de livres, soit un recueil, un assemblage de livres, une compilation d'ouvrages traitant d'une même matière ou formant un ensemble. Mais, selon le sens littéral du mot, Bibliothèque signifie un lieu destiné pour y mettre des livres, une salle plus ou moins vaste. avec des tablettes ou avec des armoires où les livres sont rangés sous différentes classes. Nous n'entendons nous occuper ici que du meuble à tablettes, dans lequel sont rangés les livres d'une collection *, désigné aussi sous le nom de bibliothèque.

C'est enfin la *bibliothèque d'amateur* que nous désignerons lorsque nous emploierons le mot Bibliothèque.

Nous n'entreprendrons pas l'histoire des bibliothèques particulières **, cela sortirait du cadre que nous nous sommes tracé, et ce serait une tâche au-dessus de nos connaissances. Nous laisserons cet honneur à nos maîtres en bibliographie et en bibliologie; mais, comme cette histoire des bibliothèques particulières doit intéresser nos lecteurs, nous nous faisons un devoir de leur signaler l'intéressant

---

* Les livres placés sans ordre, les uns après les autres, forment une collection et non pas une bibliothèque.

** Les bibliothèques particulières sont circonscrites par la fortune, le goût et les études de prédilection de ceux qui les forment.

ouvrage de M. G. Brunet, cité plus haut, et dans lequel ils trouveront ample satisfaction.

Une chose essentielle à considérer dans l'établissement d'une bibliothèque, ont dit Peignot, Caillot et Nodier, c'est son exposition et son emplacement; il est urgent de la mettre dans une salle qui se trouve du côté du soleil levant *, l'aspect du midi favorisant la naissance et le développement des insectes, l'aspect du couchant rendant la bibliothèque humide et exposant les livres à la moisissure. L'humidité, en attaquant peu à peu les feuillets, finit par gâter le livre entièrement. Ce sont là de graves inconvénients qu'il faut éviter à tout prix.

Le local dans lequel on veut placer une bibliothèque doit jouir d'un beau jour, être exempt de toute humidité et tenu très-proprement. Il faut éviter que la bibliothèque soit exposée aux ardeurs du soleil et que le local dans lequel elle est placée soit voisin d'un réservoir. Un premier ou même un étage plus élevé est préférable à un rez-de-chaussée **.

On préserve une bibliothèque de l'humidité, toujours à craindre en un certain temps de l'année, en

---

* Vitruvius, chap. III, art. 2.

** Sur un exemplaire de l' « Amour des livres » (Vente

en garnissant le fond d'un bon parquet de lambris parfaitement joints; ensuite, en ayant soin de la tenir à une distance plus ou moins grande du mur, selon que ce mur est plus ou moins sec; et, si l'on veut éviter toute crainte à cet égard, en faisant donner au mur deux ou trois couches à l'huile bouillante, ce qui l'empêche de suer.

Il faut donner de l'air à la pièce aussi souvent que le temps est beau, et alors ouvrir les battants de la bibliothèque pour que l'air puisse se renouveler; mais, il faut éviter de les laisser ouverts le soir, parce que les papillons pourraient s'y introduire et y déposer leurs œufs.

On doit épousseter les livres, les tablettes et la bibliothèque une fois par trimestre et chercher à garantir les livres de la poussière, parce que, non-seulement elle ternit les reliures et enlève leur fraîcheur, mais encore elle favorise le développement des insectes. Il faut aussi battre les volumes une ou

Benzon, n° 398) se trouve le quatrain ci-dessous, autographe de Jules Janin :

« Pour peu qu'il soit tenu loin du chaud et du fràis,
Qu'on y porte une main blanche et respectueuse,
Que le lecteur soit calme et la lectrice heureuse...
Un livre est un ami qui ne change jamais. »

deux fois par an, en les frappant fortement l'un contre l'autre, ensuite les essuyer avec un linge bien doux.

La conservation intérieure d'un livre demande encore un soin que, malheureusement, on néglige trop souvent. Après avoir pris un livre dans une bibliothèque il ne faut pas l'ouvrir avant de s'assurer que la tranche supérieure n'est pas couverte de poussière. Dans le cas contraire, si c'est un volume dont la tranche soit unie, l'essuyer avec un linge ou simplement souffler dessus; si c'est un livre dont la tranche soit non rognée, la brosser avec une brosse un peu dure; de cette façon, en ouvrant le volume, on n'a plus à craindre la poussière, qui, avant cette petite opération, aurait pu s'introduire dans l'intérieur du volume et le tacher.

Nous ne nous étendrons pas sur la forme et l'ornement que doit avoir une bibliothèque, c'est la fortune et surtout le goût du propriétaire qui doivent en décider. Nous ne ferons qu'indiquer les conditions essentielles nécessaires à la conservation des livres.

Pour la construction d'une bibliothèque destinée à recevoir des livres précieux il est urgent de prendre du bois de cèdre, du cyprès, du mahogon, de l'ébène, du sandal ou au moins du chêne très-sec et très-sain. Les bois très-compactes ou très-fortement aromatisés sont ceux que les insectes ne parviennent pas à percer.

Les dimensions à observer en faisant dresser les ais traversants, soutenus par des montants, et que l'on nomme tablettes de bibliothèque, dépendent du nombre de volumes, de la différence des formats et de la quantité des ouvrages de chaque format que devra contenir la bibliothèque. En faisant supporter les tablettes par des crémaillères on en peut varier la distance à volonté. Pour l'épaisseur des tablettes, il est bon d'observer quelle en est la longueur et quelle quantité de livres elles auront à supporter.

Pour éviter le désordre que pourrait occasionner un accroissement de livres, pour épargner l'espace, pour éviter un mauvais coup-d'œil, il est nécessaire (surtout dans une bibliothèque d'amateur où il n'est pas de rigueur d'adopter la classification systématique) de les placer d'après leurs formats :

1° Les in-folio dans les rayons inférieurs ;

2° Les in-4° au-dessus ;

3° Les in-8°, in-18, in-32, etc., dans les rayons supérieurs.

Les in-folio oblong se placent parmi les in-4°, les in-4° oblong se placent parmi les in-8°, le petit in-4°

parmi les in-4°. Si plusieurs ouvrages sont reliés
ensemble, on place le livre dans la classe où appartient celui qui se trouve le premier.

Lorsque, dans un volume quelconque, on fait inter-
caler du papier blanc plus grand que le texte, on
place le livre d'après le format du papier intercalé.
On doit avoir l'attention de laisser entre chaque rang
de livres et la tablette supérieure, un intervalle suffi-
sant pour pouvoir tirer chaque volume sans difficulté; et il faut surtout ne pas trop serrer les
livres, afin que l'air puisse circuler autour et que le
frottement en les tirant n'altère pas l'éclat de la
reliure.

Le meuble destiné à contenir des livres précieux
doit aussi répondre par son extérieur à leur magnifi-
cence. Un tel meuble, dit Peignot, sera en bois pre-
cieux; sa forme joindra l'élégance à la solidité;
mais il ne faut pas qu'il soit surchargé d'ornements
trop saillants. Les portes, garnies de quatre glaces,
seront travaillées si délicatement qu'elles ne mas-
queront pour ainsi dire pas, la vue des livres; les
deux glaces de chaque porte seront séparées par une
baguette à coulisse en cuivre ou en acier. Les tablettes devront être garnies de maroquin brun, et la
tranche apparente de ces tablettes ornée d'ara-
besques en or. Cette garniture serait moins un objet

de luxe qu'une précaution nécessaire pour garantir
le bas de la reliure des livres, qui à la longue s'altère, étant frottée sur le bois toutes les fois qu'on
déplace et qu'on replace un volume. Il serait également essentiel de faire couvrir en peau de couleur
l'intérieur de ce petit meuble, c'est-à-dire le parquet
vertical du fond, destiné à empêcher les livres de
toucher le mur. Cette précaution préserverait
davantage les livres de la poussière, de l'humidité, etc.

Plus récemment, en 1855, M. Edmond Texier nous
donna * la description d'un meuble exposé par
M. Beaufils, de Bordeaux.

« M. Beaufils, dit-il, a exposé une bibliothèque en
bois de noyer sculpté, de 5 mètres de hauteur sur
6 mètres de largeur.

« Le soubassement s'ouvre par quatre portes, dont
les panneaux sont revêtus d'encadrements, de cais-
sons de moulures ovales et de bas-reliefs au centre.
Les figures des quatre bas-reliefs sont des génies qui
exécutent les travaux de l'agriculture et des arts,
des sciences et de l'industrie ; puis, entre les quatre
portes, s'élèvent quatre pilastres en saillies, ornés
de trophées appendus à des coquilles. et formés des

* Exposition universelle (1855). Le *Siècle*, 2 août 1855.

outils, instruments, etc., en rapport avec le sujet de chaque bas-relief.

« La partie inférieure est couronnée d'un entablement aux armes de la ville de Bordeaux ; au-dessus, l'aigle aux ailes déployées. Un trophée de fleurs et de fruits pyramide, le tout supporte deux génies, la Force et la Paix.

« Le corps du milieu et les deux bas côtés sont séparés par quatre pilastres décorés de coquilles, consoles et chapiteaux. A la base de ces pilastres, quatre piédestaux allégoriques supportent quatre statues de femmes, l'Afrique, l'Asie, l'Europe et l'Amérique. Sur les corniches des bas côtés et le prolongement des pilastres reposent quatre enfants : le Printemps, avec ses guirlandes ; l'Été, avec la faucille ; l'Automne, chargé de fruits ; l'Hiver, enveloppé d'un manteau.

« Puis, sur la console de gauche, la statue de la Foi, un chef-d'œuvre, et, sur la console de droite, la statue de la Loi

« Telle est, en quelques mots, la description de ce meuble vraiment magistral, conçu et exécuté dans des proportions d'une belle harmonie... Cette bibliothèque a le mérite d'être bien une bibliothèque et non un de ces meubles hétéroclites dont on ne peut deviner l'usage »

Nous terminerons en donnant la division des tablettes d'une bibliothèque et d'une armoire à vitraux d'après le système de La Caille.

En supposant une bibliothèque de 15 pieds d'élévation, La Caille divise l'espace de la manière suivante :

		Pouces.
Socle ou base depuis le plancher jusqu'à la première tablette.		8
de la première tablette à la seconde pour les *in-folio max.*		21
de la 2ᵉ à la 3ᵉ pour les *in-folio gr. pap.*		18
de la 3ᵉ à la 4ᵉ pour les *in-folio ord.*		16
de la 4ᵉ à la 5ᵉ pour les *idem.*		16
de la 5ᵉ à la 6ᵉ pour les *idem.*		16
de la 6ᵉ à la 7ᵉ pour les *idem.*		16
de la 7ᵉ à la 8ᵉ pour les *in-4° gr. pap.*		12
de la 8ᵉ à la 9ᵉ pour les *in-4° ord.*		10
de la 9ᵉ à la 10ᵉ pour les *idem.*		10
de la 10ᵉ à la 11ᵉ pour les *in-8° gr. pap.*		8
de la 11ᵉ à la 12ᵉ pour les *in-8° ord.*		8
de la 12ᵉ à la corniche pour les *in-12, etc.*		7

Intervalle

Pour les armoires à vitraux, l'une de 6 pieds et l'autre de 5 pieds 1/2; voici les divisions qu'il propose :

Pour une bibliothèque de 6 pieds.

4 pouces au socle.

1re tablette	. . . .	18 pouces.
2e —	. . . .	15 —
3e —	. . . .	11 —
4e —	. . . .	8 —
5e —	. . . .	7 —
6e —	. . . .	7 —

Pour une bibliothèque de 5 pieds 1/2.

3 pouces au socle.

1re tablette	. . . .	18 pouces.
2e —	. . . .	12 —
3e —	. . . .	10 —
4e —	. . . .	8 —
5e —	. . . .	7 —
6e —	. . . .	7 —

DU FORMAT DES LIVRES

L<small>A</small> connaissance des formats n'est pas aussi aisée qu'on se l'imagine; car on a vu des hommes instruits, commettre des erreurs en ce genre qui ont fait naître des discussions assez sérieuses sur l'existence d'un ouvrage dont le format avait été mal indiqué.

Nous ne parlerons point ici du format du livre des anciens, qui dépendait souvent de l'étendue et de la forme de la matière subjective de l'écriture. Nous n'entendons parler que du format des livres depuis l'invention de l'imprimerie.

Le format est la résultante du nombre de feuillets contenus dans chaque feuille imprimée et pliée, quelle que soit d'ailleurs sa dimension. Il tire son nom du nombre de feuillets ou de la moitié du nombre de pages que renferme la feuille.

Il existe un grand nombre de formats dont il n'est pas facile à première vue de déterm ner la dimension, l'imprimeur employant quelquefois un papier plus grand ou plus petit, et chaque format pouvant être en grand papier, en papier ordinaire ou en petit papier*, on peut prendre un *in-folio* pour un *in-quarto*, un *in-douze* pour un *in-octavo*, un *in-dix-huit* pour un *in-douze* et réciproquement. Ces confusions ne sont point préjudiciables pour l'arrangement des livres sur les tablettes; mais il en resulterait des erreurs bibliographiques graves si, dans un catalogue, on désignait un petit in-octavo sous le nom

* Il est bon d'observer aussi que les imprimeurs impriment quelquefois par demi-feuille, et qu'alors les signatures tombent dans l'*in-octavo* à la neuvième page, dans l'*in-douze* à la treizième, dans l'*in-seize* à la dix-septième.

d'in-douze. C'est alors créer des éditions qui n'ont jamais existé. Il y a aussi des petits formats qui offrent des doutes, alors il faut avoir recours, pour les éditions en papier vergé, aux pontuseaux * et aux vergeures **; pour les éditions en papier vélin,

* Les pontuseaux sont des raies transparentes qui traversent entièrement le papier dans la distance de 12 à 15 lignes, ou de 27 à 33 traits selon la grandeur de la feuille; elles coupent, à angle droit, d'autres raies extrêmement rapprochées et moins sensibles que l'on nomme vergeures.

** Il y a même quelques éditions du xv⁰ siècle, dans lesquelles on n'aperçoit aucune trace de pontuseaux; ce papier ressemble presque à du papier vélin ; mais on découvre des vergeures qui peuvent servir à faire connaître le format. Le meilleur moyen pour reconnaître le format avec ce papier consiste à chercher la marque de fabrique ou *marque d'eau;* si elle se trouve au milieu du feuillet, le volume est in-folio; si elle est au fond du volume, il est in-quarto ; et, si elle est en haut du feuillet, il est in-octavo. Il y a des bibliophiles qui ont prétendu qu'on ne voyait pas de format in-octavo et au-dessous, avant 1480; ils se trompent, Peignot nous en indique deux : le *Diurnale seu liber precum, Venetiis,* 1480, *in-*24, SUR VÉLIN; et un *Psalterium Davidis,* imprimé par Jean de Westphalie, vers 1480.

aux réclames * et aux signatures **; à leur inspection

* La réclame (un mot ou quelques syllabes d'un mot) se trouve placée à droite sous la dernière ligne d'une page *verso* (le *verso* est la page qui est à la gauche du lecteur et le *recto* celle qui est à droite); ce mot ou ces quelques syllabes du mot sont les mêmes qu'on réitère au commencement de la page suivante, pour faire connaître l'ordre exact des pages et des feuillets. Cet usage qui est devenu inutile depuis qu'on a adopté celui des folios, n'en a pas moins persisté fort longtemps dans la typographie. On en a fait même un abus. Le livre de Heinecke, par exemple, intitulé « Idée d'une collection générale d'estampes », etc., imprimé en Allemagne, en 1777, porte des réclames à toutes les pages, ce qui est absurde; car il ne pouvait y avoir erreur d'une page à l'autre du même feuillet. La réclame se place ordinairement à la fin de chaque feuille ou bien à la fin de chaque cahier, quand la feuille est partagée en plusieurs cahiers.

Les réclames n'ont d'abord paru que dans le *Confessionale sancti Antonini.* Bononiæ (sans nom d'imprimeur), 1472, in-4°. Magré de Marolles en avait vu dans le *Tacite* de Vindelin de Jean de Spire, qu'il croyait de 1468 ou 1469; mais Rive (pag. 139) prouve que ce livre ne peut avoir été imprimé que vers la fin de 1472. On voit par là que dans les premiers temps de l'imprimerie il n'y avait pas de réclame; ensuite on les a beaucoup multipliées, maintenant elles ne sont plus guère en usage.

** On entend par *signatures* les signes particuliers qu'on

on reconnaîtra sur-le-champ le format le plus dou-
teux.

emploie pour distinguer les différentes feuilles dont se
compose un ouvrage. Autrefois, on se servait des lettres de
l'alphabet; mais, depuis longtemps, on ne se sert plus que
de chiffres. Si, par exemple, on veut s'assurer qu'un volume
est in-8°, on n'a qu'à regarder au bas de la 17° page, on y
trouvera B (si l'in-octavo est imprimé par demi-feuille, le
B ou le chiffre 2 sera au bas de la 9° page); à la 33°, C; à
la 49°, D; etc. Si le volume est in-12, on trouve B à la
page 25; C à la page 49; D à la page 73, etc., parce que
la feuille étant pliée en douze, ce qui forme 24 pages, il
est naturel que la seconde feuille commence par le nombre
25, et soit marquée de la lettre B ou du chiffre 2. On se
sert aussi de signatures pour connaître l'ordre des cahiers
et des pages qui les composent, surtout dans les petits formats au-dessous de l'in-12, où une feuille renferme plusieurs cahiers séparés et a plusieurs signatures. S'il y a plus
de cahiers ou de feuilles que de lettres, on multiplie l'alphabet par minuscules ajoutées à la majuscule, autant de
fois qu'il est nécessaire; c'est-à-dire qu'après la 23° feuille,
on recommence l'alphabet, ou signature A a; à la 47°, on
reprend le troisième alphabet ou signature A aa, et ainsi
de suite. Il est reconnu que les signatures ont paru pour la
première fois dans le *Johan. Nyder præceptorium divinæ
legis.* Coloniæ, per Johan. Koelhof de Lubeck, 1472, in-fol.
à deux colonnes. De nos jours la signature par lettre est
abandonnée et on ne se sert plus que de chiffres.

2.

Pour voir comment la feuille est pliée dans chaque format, combien elle contient de pages, comment sont disposés les pontuseaux des différents formats, la manière de les faire connaître, nous allons exposer une table des dénominations de formats *.

L'in-folio a la feuille pliée en 2, contient 4 pages, et ses pontuseaux sont perpendiculaires.

L'in-4°, a la feuille pliée en 4, contient 8 pages, et ses pontuseaux sont horizontaux.

* Dans la première période de l'imprimerie les livres étaient de format *in-folio, in-quarto, in-octavo* et *in-vingt-quatre*; mais ce ne fut que vers la fin du xv° siècle que Alde Manuce mit en vogue le format *in-octavo*. Au xvii° siècle les Elzeviers publièrent leurs charmantes collections qui mirent en vogue les formats *in-seize* et *in-vingt-quatre*. Au xviii° siècle l'*in-douze* était fort commun. Aujourd'hui c'est l'*in-octavo* et l'*in-dix-huit* qui sont le plus en vogue. L'*in-folio* est à peu près abandonné si ce n'est pour les atlas et quelques publications officielles. On n'imprime guère in-quarto que des dictionnaires, des recueils scientifiques et autres ouvrages qui ne sont consultés que dans les bibliothèques. Quelques éditeurs ont imaginé de faire tirer le même ouvrage sur deux formats, in-octavo et in-dix-huit; dans ce cas l'in-dix-huit a trop peu de marges. Les formats qui conviennent le mieux aux romans, aux publications intimes, sont l'*in-dix-huit* jésus (format Charpentier) et l'*in-dix-huit* carré.

L'in-8º a la feuille pliée en 8, contient 16 pages et ses pontuseaux sont perpendiculaires *.

L'in-12 a la feuille pliée en 12, contient 24 pages et ses pontuseaux sont horizontaux.

L'in-16 à la feuille pliée en 16, contient 32 pages et ses pontuseaux sont horizontaux.

L'in-18 a la feuille pliée en 18, contient 36 pages et ses pontuseaux sont perpendiculaires.

L'in-24 a la feuille pliée en 24, contient 48 pages et ses pontuseaux sont perpendiculaires ou horizontaux **.

L'in-32 a la feuille pliée en 32, contient 64 pages et ses pontuseaux sont perpendiculaires.

L'in-36 a la feuille pliée en 36, contient 72 pages et ses pontuseaux sont horizontaux.

L'in-48 a la feuille pliée en 48, contient 96 pages et ses pontuseaux sont horizontaux.

---

* L'in-8º a, comme la plupart des autres formats, diverses dénominations qui proviennent de la grandeur du papier employé par l'imprimeur.

** Comme l'in-24 est quelquefois incertain, il faut, pour connaître au juste sa dénomination, ouvrir le livre entre les pages 48 et 49; si la réclame se trouve au bas de la page 48, et la signature au bas de la page 49, alors le format est in-24; mais si la réclame est au bas de la page 64, et la signature au bas de la page 65, le format est in-32.

L'in-64 a la feuille pliée en 64, contient 128 pages et ses pontuseaux sont horizontaux.

L'in-72 a la feuille pliée en 72, contient 144 pages et ses pontuseaux sont perpendiculaires.

L'in-96 a la feuille pliée en 96, contient 192 pages et ses pontuseaux sont perpendiculaires.

L'in-128 a la feuille pliée en 128, contient 256 pages et ses pontuseaux sont perpendiculaires *.

On voit par ce qui précède quelles sont les différentes sortes de formats : huit ont les pontuseaux perpendiculaires et six les ont horizontaux ; on voit aussi le nombre de pages contenues à la feuille dans chaque format ; alors, à l'inspection des signatures, il est facile de reconnaître toute espèce de format.

Les signatures alphabétiques ou les signatures en chiffres correspondant au nombre de pages que donne tel ou tel nombre de feuilles suivant le format, nous allons donner un tableau de leur correspondance dans les formats les plus usités.

---

* Le format in-128 était appelé *pouce*, on l'employait jadis pour de très-petits almanachs.

Signatures.		In-folio.	In-4°.	In-8°	In-12.
A ou chiff.		1— 4 pag.	8 pag.	16 pag.	24 pag.
B	—	2— 8	16	32	48
C	—	3— 12	24	48	76
D	—	4 16	32	64	96
E	—	5— 20	40	80	120
F	—	6— 24	48	96	144
G	—	7— 28	56	112	168
H	—	8— 32	64	128	192
I ou J	—	9— 36	72	144	216
K	—	10— 40	80	160	240
L	—	11- 44	88	176	264
M	—	12— 48	96	192	288
N	—	13— 52	104	208	312
O	—	14— 56	112	224	336
P	—	15— 60	120	240	360
Q	—	16— 64	128	256	384
R	—	17— 68	136	272	408
S	—	18- 72	144	288	432
T	—	19— 76	152	304	456
U ou V	—	20— 80	160	320	480
X	—	21— 84	168	336	504
Y	—	22— 88	176	352	528
Z	—	23— 92	184	368	552
A a	—	24— 96	192	384	576
B b	—	25—100	200	400	600

Par l'usage de ce tableau on voit que :

Dans l'in-folio, un volume composé de 21 feuilles a 84 pages;

Dans l'in-4°, un volume composé de 17 feuilles a 136 pages;

Dans l'in-8°, un volume composé de 11 feuilles a 176 pages.

C'est surtout en vue de la collation des livres anciens, dont nous parlerons plus loin, que nous avons fait ce petit travail qui ne pourrait pas servir à tous les formats modernes, que seul, un long usage peut faire distinguer les uns des autres.

DE LA RELIURE DES LIVRES

L A reliure est à la typographie ce que celle-ci est aux autres arts; l'une transmet à la postérité les ouvrages des savants, l'autre doit lui conserver les productions typographiques. Une reliure mal faite est un véritable larcin fait aux siècles futurs [*]

La reliure a pour but la conservation des livres et l'ornement des bibliothèques. Jusqu'au xviiie siècle [**],

[*] Lesné.

[**] Merlin. Rapport, 1856.

on n'a guère connu que deux sortes de reliures, la reliure couverte en peau (veau, maroquin, etc), avec nerfs apparents, et la reliure en vélin, telle qu'on l'exécutait si bien en Hollande. Celle-ci était une sorte d'emboîtage à dos brisé, mais dans lequel la solidité s'unissait à la souplesse et à la légèreté*. La reliure dite en vélin cordé, dans laquelle excellaient aussi les Hollandais, était également une reliure en vélin, mais cousue sur doubles nerfs à dos non brisé, les nerfs apparents; elle était ornée d'estampages sans or. A la fois gracieuse et solide, elle fait encore aujourd'hui l'ornement des rayons in-folio et in-quarto, car elle ne s'appliquait en général qu'à ces deux formats; il faut convenir cependant que la rigidité excessive du dos en rendait l'usage quelquefois incommode.

L'art des reliures hollandaises en vélin semble perdu aujourd'hui; nous ne connaissons plus que la

*Ces volumes étaient cousus sur nerfs de parchemin; un carton très-mince supportait le vélin qui formait la couverture, et les pointes de nerfs, passées dans les charnières, et collées sur le carton par-dessous une bande de papier fort ou de parchemin que recouvraient les gardes, suffisaient pour maintenir le tout; des attaches de parchemin fixées sur le dos, et dont les bouts se collaient aussi sous les gardes, ajoutaient encore à la solidité.

reliure en peau, à nerfs, antérieure à l'origine de l'imprimerie, la reliure en peau dite *à la grecque,* introduite pendant le xviiie siècle *, la reliure dite à *dos brisé,* déjà en usage au milieu du siècle dernier **, et la demi-reliure ***, invention allemande plus mo-

* On sait que la grecque est une entaille faite dans le dos du cahier au moyen d'une scie; dans cette entaille se loge la ficelle des nerfs, et le dos du volume reste uni à l'extérieur; ou bien, par suite d'une supercherie, le dos peut prendre la forme du volume cousu sur nerfs, c'est-à-dire que les *soi-disant* nerfs forment saillie sur le dos. Dans tous les cas, le volume *relié à la grecque* s'ouvre très-mal.

Les règlements anciens, qui interdisaient sagement aux relieurs la couture à la grecque, n'avait déjà plus d'action en 1761, puisque Dudin la décrit en détail (*Art du relieur,* p. 20-21).

** Dans la reliure improprement appelée à dos brisé, la peau qui recouvre le dos ne tient pas aux cahiers, elle est collée sur une bande de carte introduite entre cette peau et le dos du livre, auquel le carton n'adhère pas. Par ce moyen, le volume peut s'ouvrir complétement sans revenir sur lui-même et sans que le dos de la reliure puisse se rompre, comme il arriverait aux reliures à dos fixe. Ce mode de reliure est surtout convenable pour les gros volumes et pour ceux qui doivent être feuilletés beaucoup ou rester ouverts sur un pupitre.

*** Dans la demi-reliure, le dos et quelquefois les coins

derne. Le cartonnage à la Bradel, qui eut tant de vogue il y a trente ans, a presque disparu de nos bibliothèques *.

Nous ne nous occuperons pas de l'art du relieur duquel il ne peut être question ici, nous tenons seulement à faire comprendre à nos lecteurs en quoi consiste une bonne reliure et leur faire connaître quelles sont les différentes transformations qu'un livre a à subir de sa remise en les mains du relieur jusqu'à sa rentrée dans leur bibliothèque.

Avant tout, le choix d'un relieur est une chose importante pour tout bibliophile jaloux d'avoir des exemplaires bien conservés et dont les marges aient été ménagées ; mais, plus on est exigeant sur la perfection du travail, moins on a le droit d'être parcimonieux sur le prix que demande l'ouvrier pour s'indemniser du temps qu'il a été obligé

sont seuls couverts en peau ; les plats le sont en papier. Le corps du livre est comme dans la reliure pleine, soit à dos fixe, soit à dos brisé.

* C'était une vraie reliure à dos brisé, où la tranche du livre n'était pas rognée, et dont le dos et les cartons n'étaient couverts que de papier. On l'employait principalement comme moyen de conservation provisoire pour les livres auxquels on projetait de faire mettre plus tard un riche habillement.

de sacrifier en plus que pour un travail ordinaire.

La reliure * est un art dont tout le monde sent le prix. C'est un plaisir qui n'a rien de ridicule, quoi qu'on en dise, que de voir revêtus d'une parure magnifique et honorés d'une sorte de culte les ouvrages d'un auteur qu'on aime.

Il ne faut cependant pas trop exagérer l'importance de cet accessoire, et celle qu'il a pris dans ces derniers temps passe un peu la mesure. Des livres fort médiocres ** montent dans les ventes à des prix énormes presque sans autre recommandation qu'une magnifique reliure de Boyer, de Derome, de Thouvenin, de Bozérian, de Padeloup, de Simier, de Courteval et autres relieurs. Le nom d'un de ces hommes, qui ont excellé dans leur art, attaché au revers des gardes d'un volume en double ou en triple la valeur.

Il en sera autant un jour (et, on peut même dire sans crainte d'erreur qu'il en est autant) des beaux travaux de nos artistes relieurs vivants, que nous ne

* Nodier.
** Il semble à trois gredins, dans leur petit cerveau,
   Que, pour être imprimés et reliés en veau,
   Les voilà dans l'état d'importantes personnes.
                MOLIÈRE.

nommerons pas ici de peur d'en oublier quelques-
uns.

Les connaisseurs, il est vrai, a dit M. R. Minzloff
avec justesse, ne manquent pas d'y regarder de fort
près ; ils n'achèteront pas un mauvais livre pour la
beauté de la reliure, à moins que cette reliure ne
soit elle-même une curiosité historique ; mais ils
attacheront une grande importance à ce que leurs
livres préférés prennent entre les mains d'un artiste
de premier ordre l'apparence et la qualité d'une
œuvre d'art.

Quelle que puisse être la fortune d'un amateur, le
soin de sa réputation de bibliophile exige qu'il sache
graduer la dépense des reliures d'après l'importance
des ouvrages *.

La reliure d'amateur ** doit être riche sans osten-

---

* Il est certain que plus d'un livre médiocre, surpris de
se trouver sur les tablettes d'un somptueux bibliophile,
peut, grâce à l'art et à l'habileté de nos relieurs, s'écrier
avec *Sedaine* : « Ah ! mon habit, que je vous remercie ! »
Ce serait peut-être le cas de citer ici ce que *Sénèque*
disait de quelques amateurs de son temps : *Plerisqur....,
libri non studiorum instrumenta sunt, sed œdium orna-
menta* (De Tranquill., chap. IX).

** Wolowski, rapport 1869.

tation, solide sans lourdeur, toujours en harmonie avec l'ouvrage qu'elle recouvre, d'un grand fini de travail, d'une exacte exécution dans les plus menus détails, à lignes nettes, à dessin fortement conçu.

Une reliure sera bien conditionnée si elle réunit à la fois la solidité à l'élégance ; si le volume * s'ouvre facilement et reste ouvert à n'importe quelle page ; si, étant fermé, la couverture et les feuillets forment un tout bien uni, sans bailler ni se séparer à aucun endroit ; si le dos se brise facilement sans conserver la marque de la brisure ; si les commencements des lignes ainsi que les marges intérieures sont parfaitement visibles à l'ouverture du livre ; si, enfin, les marges extérieures sont le moins possible et partout également rognées. La régularité de la pliure, la solidité de la couture, celle du dos, l'élasticité des charnières sont encore autant de conditions d'une bonne reliure.

Pour obtenir toutes ces qualités réunies, il faut, comme nous l'avons dit plus haut, ne confier ses livres qu'à un très-habile relieur, et laisser à celui-ci

---

* Le mot *volume* a rapport à la reliure, celui de *tome* à la division d'un livre en plusieurs parties : un ouvrage peut avoir douze tomes en six volumes, comme six tomes en douze volumes.

3.

tout le temps nécessaire pour les diverses opérations
que réclame une bonne reliure. D'abord, on com-
prend qu'on ne doit point faire relier un livre récemment imprimé. L'encre d'imprimerie ne sèche que
très-lentement, et, en soumettant au battage un livre
dont l'encre ne s'est point encore parfaitement séchée,
on s'expose à voir toutes les pages maculées et ren-
dues complétement illisibles. Une année tout entière
et peut-être deux doivent s'écouler avant qu'un
livre soit livré au travail de la reliure. Les livres
nouveaux doivent être achetés brochés : C'est sous
cette forme qu'il convient de leur faire subir la fa-
tigue de la première lecture. Lorsque le moment est
venu où le volume doit être livré au relieur, l'amateur est en droit de faire à celui-ci certaines recommandations sur des points trop souvent négligés *.

Si le livre est imprimé sur beau papier, fort et

---

* Quelques personnes prennent une précaution que nous
approuvons beaucoup. Lorsqu'un ouvrage est plié et cousu,
avant de l'endosser, le relieur les avertit ; elles se trans-
portent chez lui pour s'assurer que les feuilles ont été
pliées exactement, que l'assemblage a été bien fait et que
les cahiers ont été cousus bien également. Cette précaution
est tellement gênante pour l'un et pour l'autre, qu'on ne
doit en faire usage que pour les ouvrages précieux.

sonnant. il faut se garder de le faire trop battre, car ce que l'on gagnerait en compacticité, ne compenserait pas la perte de la qualité sonore du papier. D'ailleurs un livre trop battu, trop compacte, s'ouvre très-difficilement. La couture, qui est le point capital de la reliure, demande aussi certains soins ; si, les cahiers de papier sont épais, il faut non-seulement les coudre au milieu, mais encore au commencement et à la fin, ce qui donne à la couture la qualité requise. Quand le volume sera cousu et passé à la colle-forte, le relieur fera bien de l'arrondir avant qu'il soit entièrement sec, car cette opération ne se fait bien qu'alors, et le dos se maintient bien mieux : il y a certains cas où il serait bon de ne pas l'endosser au marteau, mais de laisser les mors se former naturellement. Il est également à propos que les cartons soient rognés d'équerre avant d'être appliqués ; c'est par là qu'on obtient de rogner la tranche le moins possible, et on sait avec quelle raison l'amateur tient à conserver à son livre le plus de marges possible * ; la rognure est une chose mécanique, et

---

* Rien n'est plus précieux que l'intégrité des marges ; et, quelque réservé que soit le couteau du relieur, il ne peut en ôter sans altérer ce qui flatte le plus l'œil de l'amateur ; nous voulons dire une belle marge dans toute sa grandeur.

avec le compas, l'équerre et l'habitude on ne peut guère manquer de réussir *.

C'est alors que le volume est doré, marbré ou jaspé sur tranche. Si l'on tient à ce que les pages ne soient pas émargées, on peut se contenter d'en faire dorer la tête, la dorure en tête étant indispensable pour empêcher la poussière de pénétrer entre les feuillets et de maculer le volume.

Pour ce qui concerne la couverture, nous ferons remarquer que certains relieurs ont l'habitude de coller du parchemin sur le dos pour donner de la solidité au volume ; on obtient le même résultat en insérant du parchemin entre les nerfs et en les ramenant sur les gardes, et l'effet est meilleur.

La parure, c'est-à-dire l'amincissement de la peau, peut être poussée plus ou moins loin, mais elle doit toujours être proportionnée à la grandeur et à la grosseur du volume. Quant au carton, il doit être plutôt trop fort que trop mince.

primitive. Il est difficile de se faire une idée du prix que les connaisseurs attachent aux marges bien conservées.

* Le relieur a besoin de redoubler d'attention lorsque l'ouvrage est chargé de notes marginales, sans cela il risquerait de les atteindre, ce qui ferait le plus grand tort à l'exemplaire.

Nous ne dirons rien de la dorure, de la gaufrure
et autres ornements analogues, c'est une affaire de
goût qu'il faut laisser à l'artiste; seulement, l'amateur
de livres devra tenir à ce que les titres inscrits sur
le dos des volumes soient parfaitement exacts, sans
faute d'orthographe et sans abréviations ridicules ou
incompréhensibles. Le plus prudent sera de rédiger
d'avance, avec le plus grand soin, le titre tel qu'on
désire qu'il soit mis sur le livre; et d'exiger qu'il n'y
soit rien changé.

M. Mouravit, dans un intéressant ouvrage (*La
Petite bibliothèque d'amateur*), souhaite voir se répandre
l'habitude récemment introduite de mettre la date
de l'édition, parfois aussi le nom de l'éditeur sur le
dos du volume. Cette addition, dit-il, en achevant
de déterminer la nature et la valeur propre de l'ouvrage, déjà révélées par le titre et le nom de l'auteur,
contribue à rendre la reliure plus *parlante*, si
l'on peut dire; entre plusieurs éditions du même
ouvrage on saura quelle est celle-ci, on aura appelé une plus vive lumière sur ces volumes que
leur enveloppe laisse toujours dans une ombre
douteuse

Tout en rendant justice à l'utilité et à la beauté
des reliures pour conserver les livres et embellir
les bibliothèques, nous pensons qu'il y a certains

ouvrages de prix qui gagneraient plus à une élégante demi-reliure qu'à une reliure entière.

Règle générale, pour les livres dont on veut conserver les marges, c'est-à-dire que l'on veut faire relier non rognés, il est mieux de faire faire une demi-reliure

La demi-reliure (tête dorée, dorée en tête. non rognée) exige les coins, pour préserver le livre et ajouter à l'élégance de la reliure.

La demi-reliure simple (tranche marbrée, tranche jaspée, etc.), celle enfin que l'on emploie pour les livres de peu de valeur, ne peut aller qu'avec un livre rogné.

Les livres imprimés sur vélin exigent des soins tout particuliers, on ne doit les faire relier que longtemps après l'impression, lorsque l'encre et le vélin sont parfaitement secs ; et, quand ils sont reliés, il faut différer de les enfermer jusqu'à ce que la reliure n'ait plus rien de l'humidité occasionnée par la colle que l'on y a employée. En général, rien n'attire et ne conserve plus l'humidité que le parchemin et le vélin. La blancheur est éclatante ; mais, si on le laisse trop longtemps à l'air, il devient jaune, et il se crispe facilement à l'humidité ou à la chaleur.

Nous terminerons ce rapide exposé de la reliure

en appelant l'attention des amateurs sur la reliure des livres anciens *.

· La reliure étant le costume du livre, un bibliophile doit tenir particulièrement à ce qu'une édition ancienne d'un livre estimé reste parée de sa reliure originale, surtout si elle porte les marques de quelque illustre personnage. Tels sont les beaux exemplaires des souverains protecteurs des lettres, aux chiffres des célèbres bibliophiles, ou bien illustrés seulement du nom autographe d'un savant ou d'un littérateur illustre par ses œuvres.

Un de nos bibliographes les plus instruits a dit avec beaucoup de vérité :

·Les livres, comme les hommes, ont leurs titres de noblesse, et les d'Hozier bibliographiques suppléent les quartiers d'un volume par les célébrités

---

* Nous avons presque regret de renvoyer les amateurs à l'ouvrage de M. Gustave Brunet : « *Études sur la reliure des livres et sur les collections des bibliophiles célèbres.* Bordeaux, 1873. » Ce livre contient un nombre considérable de renseignements sur la reliure des livres anciens ; malheureusement il a été tiré à trop petit nombre (115 exemplaires) et nous sommes certain d'être l'écho d'un grand nombre d'amateurs en en demandant une nouvelle édition. Des ouvrages aussi intéressants que celui-là devraient-être tirés à un plus grand nombre d'exemplaires.

de toute espèce auxquelles il a appartenu, depuis
les maîtresses des rois, jusqu'aux prélats ou aux
modestes hommes de lettres. Armoiries, chiffres,
devises, signatures et même traditions, tout est
preuve dans cette justification, et l'on sait ce qu'elle
ajoute à la valeur des livres, et à quels prix élevés se
portent les volumes décorés de la devise de Grolier,
du chiffre de Henri II ou de Diane de Poitiers, des
armes de de Thou, de Colbert, d'Hoym, de Soubise,
ou de la signature de Racine, de Bossuet et d'autres
personnes célèbres.

Comme complément de la physionomie du livre *

* Le regretté M. Amb. Firmin Didot, dans son rapport
sur la reliure, a émis l'opinion que, « comme principe général, le choix des couleurs plus ou moins sombres, plus ou
moins claires (pour les reliures), devrait toujours être ap-
proprié à la nature des sujets traités dans les livres. Pourquoi ne réserverait-on pas le rouge pour la guerre et le
bleu pour la marine, ainsi qu'on le faisait dans l'antiquité
pour les poëmes d'Homère, dont les rapsodes vêtus en
pourpre chantaient l'Iliade et, vêtus en bleu, chantaient
l'Odyssée? Je me rappelle avoir vu dans la belle bibliothèque de mon père un magnifique exemplaire de l'Homère
de Barnès, dont le volume de l'Iliade était relié en maroquin
rouge, tandis que l'Odyssée l'était en maroquin bleu. On
pourrait aussi consacrer le violet aux œuvres des grands

ancien, et si l'on a des livres pour simple délectation, il faut les avoir complets autant que possible, c'est-à-dire : les allemands revêtus de peau de truie gaufrée, les italiens avec d'élégants compartiments sur les plats, les français *doublés* de maroquin et ornés de ces fines dentelles qui sont le triomphe des Le Gascon et des Du Seuil. La patine du temps sied mieux à ces antiques, qu'une brillante dorure moderne *.

Dans l'éloge que Vigneul-Marville fit de la bibliothèque de Grolier, nous trouvons les passages suivants qui ne sont point étrangers à la reliure. « Rien ne manque aux volumes, ni pour la bonté des éditions de ce temps-là, ni pour la beauté du papier et la propreté de la relieure (*sic*). . . . le titre des

dignitaires de l'Église, le noir à celles des philosophes, le rose aux poésies légères, etc., etc. Ce système offrirait, dans une vaste bibliothèque, l'avantage d'aider les recherches en frappant les yeux tout d'abord. On pourrait aussi désirer que certains genres d'ornements indiquassent sur le dos si tel ouvrage sur l'Egypte, par exemple, appartient à l'époque pharaonique ou arabe, ou française, ou turque; qu'il en fût de même pour la Grèce antique, la Grèce byzantine ou la Grèce moderne, la Rome des Césars ou celle des papes. »

* Piot, *Cabinet de l'amateur*, 1861, p. 118.

4

livres se trouve aussi sur le dos entre deux nerfs, comme cela se fait aujourd'hui (1676), d'où l'on peut conjecturer que l'on commençait dès lors à ne plus coucher les livres sur le plat, dans les bibliothèques, selon l'ancienne coutume qui se garde encore aujourd'hui en Allemagne et en Espagne; d'où vient que les titres des livres reliez en vélin qui nous viennent de ces pays-là sont écrits en gros caractères tout le long du dos des volumes. . . »

Un des plus célèbres bibliophiles de la Hollande, feu M. Jer. de Bosch, de Leyde, et que nous croyons devoir présenter aux amateurs comme leur modèle, a exprimé, dans la préface du catalogue de sa bibliothèque, son ardent amour pour les beaux livres et la passion avec laquelle il recherchait les meilleurs exemplaires qui n'étaient que peu ou point rognés, sans taches et sans aucune espèce de défauts : « Jam inde a pueritia, dit-il, hanc mihi bibliothecam comparavi, ea cura ac diligentia, ut nullum librum in eam recipiendum existimarem, nisi qui plenus esset et integer, nullis adspersus maculis, neque fœdatus lituris, aut vermium dentibus tactus, uno verbo nullum codicem admitterem nisi qui nitidissime esset conservatus; quod quam magnam operam postulet..., facile harum rerum periti intelligent, neque ego hoc ab ullo homine fieri posse arbitror, nisi ab

eo, cui, ut mihi, per sexaginta fere annos in hac re
recte agenda strenue laborare contigit..... Labentibus
annis pejoris conditionis codices ejiciendo et pul-
chrioris substituendo, tantum profeci, ut si... etiam
ultimæ vetustatis libros, ex hac bibliotheca in manum
sumas, recentes è prælo te tractare existimes.....
Quod non necessarium esse putabunt multi... quibus
sordidis digitis impressos, maculis, atramento et
oleo inquinatos libros nos quidem relinquimus.....
Mihi sive a natura, sive a parentibus datum ut om-
nes sordes fugiam... Unde evenit ut meæ bene ins-
truendæ bibliothecæ curæ etiam alia successerit.....
Hæc, præter interiorem librorum conditionem ad
externam formam spectabat. Quoad quidem potui
exempla mihi comparavi, quorum margines essent
integræ, nec scissæ, i. e. aratri ferrum non per-
pessæ..... Si quæ vero occurrerent, quorum margines... scindi debere arbitrarer, hac in re ita versa-
tus sum, ut si cui illud munus..... daretur, caveret
ne quid detrimenti liber caperet.

Nous avons parlé plus (haut page 31) du prix
que l'amateur attache à l'intégrité des marges, et
nous avons dit que rien n'était plus précieux dans
un livre ; cela est vrai ; mais nous n'avons pas entendu parler des fausses marges, qui, dans les livres
tirés sur papier de choix et par une particularité

due aux nécessités du tirage, ont souvent des dimensions excessives.

« Quelques amateurs, dit M. A. Lemerre [*], ne font pas tomber à la reliure ces fausses marges. Il nous semble meilleur de les rogner, elles proviennent non d'une intention artistique, mais d'une nécessité matérielle; ces différences dans les dimensions des papiers, loin d'être un ornement, donnent un aspect irrégulier qui ne saurait être agréable. »

En résumé, une bonne et élégante reliure dépend autant de l'habileté de l'ouvrier que du goût de l'amateur. Dans ce chapitre : « De la reliure des livres », nous avons mis le bibliophile à même de guider l'ouvrier et de conseiller l'amateur.

[*] *Le Livre du bibliophile.*

MOYENS DE PRÉSERVER LES LIVRES

DES INSECTES

U NE bibliothèque a ordinairement trois sortes d'ennemis assez dangereux : les insectes, l'humidité et les rats ; quelques mauvais plaisants y ajoutent les emprunteurs.

Nous ne parlerons ici que des insectes : nous avons indiqué plus haut le moyen de préserver les bibliothèques de l'humidité ; tout le monde connaît les moyens à employer pour détruire les

rats*; quant aux emprunteurs, c'est une grave
question dont J. Janin s'est occupé et qu'il n'a pu
résoudre; il est donc inutile que nous essayons
même de nous en occuper, nous laissons ce soin à
des voix plus autorisées que la nôtre **

* M. Ludovic Lalanne, dans ses « Curiosités bibliographiques », dit que Pline prétendait qu'en faisant infuser de
l'absinthe dans l'encre (qui servait aux copistes) on préser-
vait les livres des souris.

** On demande s'il est juste et prudent de prêter ses
livres? — Vous enfouissez la vérité! Vous cachez le flam-
beau sous le boisseau, vous êtes un égoïste, un avare, disent
es emprunteurs.

En même temps, ils vous citent la belle inscription de
Grolier : *Pour moi et mes amis!* Mieux encore, la devise de
ce brave homme, exilé volontaire, appelé Schelcher : *Pour
tous et pour moi.*

C'est très-bien dit, c'est très-bien fait; mais nous avons
connu M. de Bure. C'était son usage de choisir lui-même,
sur le rayon, l'exemplaire qu'il permettait de tenir un
instant.

Scaliger avait écrit au fronton de sa bibliothèque : *Ite ad
vendentes!* Charles Nodier avait composé, à l'usage de son
ami Pixéricourt, ce petit distique :

Tel est le sort de tout livre prêté;
Souvent il est perdu, toujours il est gâté.

Condorcet, mort si misérablement et si glorieusement

Les insectes ont été de tout temps le fléau des bibliothèques *, on ne saurait trop mettre de soins à les préserver de ces dangéreux bibliophobes.

On connaît plusieurs moyens pour mettre les livres à l'abri des insectes. Le premier consiste dans le choix du bois qu'on emploie pour le corps de

pour n'avoir pas voulu jeter aux buissons le petit *Horace* in-32 de l'Imprimerie royale qu'il tenait dans sa main, lorsqu'il fut arrêté dans une misérable auberge de Sceaux, par des patriotes de grand chemin, avait composé, en l'honneur de ses livres bien-aimés, les jolis vers que voici :

> Chères délices de mon âme,
> Gardez-vous bien de me quitter
> Quoiqu'on vienne vous emprunter.
> Chacun de vous m'est une femme
> Qui peut se laisser voir sans blâme
> Et ne se doit jamais prêter.

Certes, ces diverses opinions méritent qu'on s'en inquiète... Or, voici notre avis :

Accepter la devise de Grolier et de Schelcher.

Se conduire à la façon de Scaliger, de Condorcet et de Pixéricourt.

(Jules Janin. *L'Amour des Livres*. Paris, 1866.)

* Une des peintures d'Herculanum représente deux bâtons superposés en croix. Au milieu d'eux est un trou ou

bibliothèque et pour les tablettes. Nous en
avons parlé plus haut au premier chapitre de cet
ouvrage. Le deuxième consiste en une grande propreté dans laquelle on doit constamment entretenir
les livres. Plus loin nous indiquerons les autres
moyens connus.

Les insectes qui font tant de ravages et qui, malgré
tous les soins, s'introduisent et se multiplient d'une
manière si imperceptible, qu'il n'y a que peu de
bibliothèques où leur présence ne se manifeste par
quelques dégâts, sont les larves d'éphémère, telles
que le *Ptinus fur*, L., *Ptinus mollis*, L., ou *Anibium
molle* de Fabricius, ou bien encore la chenille de
l'*Aglosse cuivrée* *.

bouton qui servait à fixer la courroie avec laquelle on
serrait le volume. Un livre ainsi attaché se nommait *con-
strictus liber*, et il était moins exposé à être rongé par les
insectes

Constrictos nisi das mihi libellos,
Admit tam tineas trucesques blattus.

Une précaution encore plus efficace contre ces ron-
geurs était la membrane avec laquelle on enveloppait les
livres.

* La femelle de l'Aglosse cuivrée dépose de préférence ses
œufs microscopiques dans la couverture en cuir des livres

Chrétien Mentzelius, dans l'observation sur l'espèce de mite dont le cri imite celui de la poule (*sic*) et qui ronge le papier, nous fait connaître un autre ennemi des livres. La mite dont il est question se cache dans les livres, les ronge et se nourrit de la colle dont on les enduit en les reliant, elle est de la grosseur d'une puce. « Un jour, étant occupé à travailler dans mon cabinet, dit-il *, j'entendis un bruit réitéré, qui ressemblait au gloussement d'une poule, d'abord je ne savais si ce bruit était occasionné par une poule du voisinage ou si les oreilles me tintaient; mais, au moment de cette incertitude, j'aperçus une mite qui était dans le papier même sur lequel j'écrivais à la chandelle, et elle ne cessa de glousser que quand je l'observais avec un verre qui me la fit paraître quatre ou cinq fois plus grande qu'elle ne l'était.

reliés. Chaque œuf donne naissance à une très-petite chenille qui perce, pour s'en nourrir, la substance de la couverture du livre, puis le livre lui-même. C'est ainsi qu'on trouve des livres percés de part en part d'une galerie cylindrique, au fond de laquelle se tient un très-petit ver blanchâtre : c'est la chenille de l'Aglosse cuivrée.

* Collection académique composée des mémoires des plus célèbres académies étrangères, trad. en français (par

« Il m'est arrivé d'examiner à deux différentes fois un de ces insectes qui gloussait dans un livre relié en bois; peut-être appelait-il sa femelle? Ce petit-animal, vu avec un verre qui grossit les objets, m'a paru peu différent de l'insecte dont Goëdard a parlé dans son *Traité des Métamorphoses*, part. I, obs. 6o, si ce n'est qu'il a des ailes, que ses couleurs sont moins variées, et que sa couleur, qui est foncée, est disposée par des taches éparses sur tout le corps.

Cette mite a sur le dos une crête oblongue de couleur grise, elle porte la tête basse et rapprochée de la poitrine; c'est en frappant l'aile l'une contre l'autre qu'elle excite un bruit qui imite le gloussement d'une poule. »

On voit par ce qui précède combien sont nombreux ces insectes qui occasionnent quelquefois des dégâts irréparables; nous ne citerons qu'un exemple pour montrer aux amateurs combien l'absence de précautions peut amener de ravages dans une bibliothèque.

Paul, Kéralio, Robinet, etc.); Dijon et Paris, 1755-79, 13 vol. in-4.

1 * Le dommage que les vers causent aux livres les plus précieux n'est que trop connu des bibliophiles; mais les

M. Fabbroni (qui était directeur du musée de
Florence) et qui possédait une magnifique bibliothèque, trouva, après une année d'absence de sa
patrie, un tel dégât dans les bois et les meubles,
causé par les dermestes, dans les livres, abîmés par
les larves d'éphémère, qu'il lui parut presque impossible de la garantir d'une destruction totale ; cependant il en trouva bientôt les moyens. Il boucha
d'abord, avec du stuc et de la cire, les petits trous
des bois ; mais, peu après, il vit paraître de nouveaux
vers ; il fallait leur rendre mortelle chaque partie du
bois qu'ils pouvaient attaquer. Il plongea les bois
ordinaires dans l'orpin à l'huile ou à la colle ; pour
les autres, il les fit oindre, une fois par mois, avec
de l'huile d'olive, dans laquelle on avait laissé bouillir
de l'arsenic jusqu'à ce que la couleur et l'odeur
annonçassent que la dissolution s'était opérée. Le
nombre des dermestes diminua sur-le-champ, et ils
finirent par disparaître.

On ne pouvait employer un semblable moyen pour
les livres ; M. Fabbroni résolut d'oindre avec de
l'eau-forte le dos et les côtés des volumes ; à l'instant

personnes qui n'ont vu les livres que tels qu'ils sortent des
mains du libraire ou du relieur, ou qui servent continuelle-
ment, ne peuvent s'en faire une idée.

les dermestes abandonnèrent leur demeure et errèrent sur le bord des tablettes; mais cette huile bouillante s'étant volatilisée et évaporée, les dermestes commencèrent à se développer de nouveau. Il voulut, du moins, garantir de la contagion les livres qu'il faisait relier. Il avait vu que, parmi beaucoup de cartons abîmés, un seul était resté intact, parce que, dans la colle de farine dont il s'était servi pour le faire, il avait mêlé trois onces de térébenthine. Il ordonna donc que les reliures fussent faites avec du carton travaillé avec du mortier, ou bien formé dans la pâte des papeteries, et collé, non pas avec de la farine pure, mais avec le mélange que nous venons d'indiquer.

Pour les manuscrits, il eut de plus la précaution de faire mettre une feuille d'étain entre les cartons et la couverture, dans la persuasion que, comme il n'y a pas de fourmi blanche dans son pays, aucun insecte de la campagne n'aurait la force de ronger ce métal.

Ces précautions eurent le plus heureux succès[*].

Ce n'est pas seulement en Europe que les vers font le plus de ravages dans les bibliothèques,

[*] La Bibliotheca; lettera di Giovanni Fabbroni, uno dei XL della società italiana delle scienze, a Pompilio

M. Ansse de Villoison nous apprend, à la suite de
son ouvrage *, que ces insectes sont un des plus
grands fléaux du Levant, et plus dangereux que dans
nos contrées. Toutes les bibliothèques des Jésuites à
Salonique, Scio, Santorin, Naxos et même à Con-
stantinople, tombent en poussière. Les manuscrits,
même en parchemin, subissent le même sort, quoique
plus tard.

Ce n'est certes pas dans les bibliothèques qui sont
souvent ouvertes et dont les livres sont maniés fréquemment que les insectes peuvent faire des dégâts:
mais il est bon de prendre quelques précautions
pour sa bibliothèque, lorsque, par exemple, on doit
s'absenter pour un temps plus ou moins long.

Nodier nous apprend dans ses « Mélanges de lit-
térature et de critique » qu'il a eu le bonheur de
conserver ses insectes et ses livres *dans des meubles
très-altérés;* « je l'ai attribué, dit-il, du moins au soin
que j'ai eu d'y renouveler souvent, quand je l'ai pu,
le *Trichius* ** Ermita, qui, sans être fort commun, se

Pozzetti, delle scuolo pie, socio e segretario della medesima.
Modena, s. d.

* Anecdota græca E Regia Parisiensi, et e Veneta
S. Marci Bibliothecis deprompta edidit J. B. d'A. de V.

** Les entomologistes ont donné à un beau *Trichius*, qui

rencontre en divers lieux d'Europe, et notamment aux environs de Paris.

Boulard conseille les odeurs fortes et surtout celle du cuir de Russie; non-seulement cette dernière garantit les livres reliés avec ce cuir, mais encore suffit souvent à préserver ceux qui les environnent.

Une autre reliure donnant peu ou point d'accès aux vers, est celle usitée dans les anciennes bibliothèques d'Espagne, de Portugal et d'Italie; elle ne consiste qu'en une couverture de parchemin (sans carton) recourbé sur la tranche, qui plutôt n'est qu'une brochure battue, cousue sur nerfs et couverte de parchemin.

L'expérience de quatre siècles a prouvé que, sans le voisinage des reliures en bois ou en velours, aucun des livres reliés n'eût été atteint de vers *.

répand l'arome du cuir de Russie à un degré très-exalté, le nom d'*Ermita*, parce qu'ils ont cru remarquer que les autres espèces et même celles qui vivent le plus fréquemment dans les troncs du saule et du poirier, n'en approchent plus dès qu'il s'y trouve.

* Les anciennes reliures en bois, même quand elles sont couvertes de peau, sont les berceaux des vers; il faut donc

D'Alembert, dans ses « Observations sur les insectes qui rongent les livres », donne aussi plusieurs
moyens qu'il a employés pour se débarrasser de
ces incommodes visiteurs.

« J'ai vu tant de personnes, dit-il, accuser les
teignes de manger les livres, que je crois devoir, à
ce sujet, publier ce que j'ai appris par mes observations et mes expériences. Ces insectes ne sont en
aucune façon coupables des ravages qu'essuient nos
bibliothèques; mais on doit s'en prendre à un tout
petit escarbot qui, dans le mois d'août, fait ses œufs
dans les livres et principalement du côté de la
reliure; il en sort une mite qui ressemble à celle qui
s'engendre dans le fromage : c'est elle qui ronge les
livres et non l'escarbot; cependant il semble qu'elle
ne mange le papier que parce qu'elle y est forcée;
car, lorsque le temps de sa transformation s'ap-
proche, elle cherche à se donner de l'air, surtout
lorsqu'elle est bien avant dans le livre; alors
elle ronge à droite et à gauche jusqu'à ce qu'elle
ait atteint l'extrémité du livre, et qu'elle en soit
sortie.

« L'escarbot, qui se forme de cette mite, ne peut

les reléguer, sans exception, dans l'endroit le plus écarté
d'une bibliothèque.

point mordre comme elle, et n'est pas capable de
percer un livre de part en part. Toutes les mites de
bois travaillent de la même manière, avant de se
transformer en escarbot. Je connais aussi une seule
espèce de chenille, qui mange le bois de la saule
(*sic*), et le perce d'une écorce à l'autre avant de se
transformer en papillon.

« J'ai fait plusieurs essais pour ôter à cette espèce
de mite le goût fatal qu'elles ont pour nos livres, et
surtout pour les herbiers, dont elles mangent aussi
les plantes, ce qu'aucun autre insecte ne fait ordinairement. On doit en attribuer la cause aux cartons
et à la colle dont les relieurs se servent pour coller
le papier et le parchemin ou le cuir des reliures; ils
font cette colle avec de la farine noire ou autre, que
la mite aime beaucoup et qui attire pareillement
l'escarbot; j'ai essayé de mêler dans cette colle
des choses amères, comme l'absinthe, de la colo-
quinte, etc., mais sans aucun succès. Le seul remède
que j'ai trouvé a été dans l'emploi des sels minéraux,
qui résistent à tous les insectes; le sel appelé *arcanum
duplicatum*, l'alun, le vitriol sont propres à cet
effet; mais les sels végétaux comme la potasse,
le sel de tartre, etc., ne le sont point. Ces derniers se dissolvent aisément dans un air humide,
et fond des taches dans les livres. Lorsqu'on

mêlera un peu de ces premiers sels dans la colle.
les vers ne toucheront jamais aux livres, qui
seront préservés des attaques de toutes sortes
d'insectes. »

Prediger * a confirmé d'avance ce que d'Alembert
donne plus haut comme une chose qu'il a éprouvée.
Il prétend que les vers ne toucheraient pas aisément
aux livres si les relieurs, pour faire leur colle, se
servaient d'amidon au lieu de farine; il dit encore
que, pour préserver les livres contre les insectes, il
faut mettre, entre le livre et la couverture, de l'alun
pulvérisé, mêlé d'un peu de poivre fin, et qu'il convient même d'en répandre un peu sur les tablettes
de la bibliothèque. Il ajoute que, pour garantir une
bibliothèque des vers, il faut frotter les livres fortement dans les mois de mars, juillet et sep-
tembre avec un morceau d'étoffe saupoudré d'alun
pulvérisé.

M. Ed. Fournier, dans son ouvrage : « l'Art de la
reliure en France aux derniers siècles », nous apprend
ceci : « Par une lettre du 31 mai 1823, que nous
avons vu autographe, dit-il, M. Mérimée père, alors
directeur de l'École des beaux-arts, conseillait à

---

* Voyez : Instructions pour les relieurs, par Prediger
(en allemand). Leipzick, 1741.

M. Duchêne aîné, de proposer à la Bibliothèque du
Roi l'usage des cuirs odorants, si favorables à la conservation des livres, et que nous devrions adopter,
ne fût-ce que pour imiter les Anglais, si engoués de
ces sortes de reliures. On ne fit rien, où presque
rien de ce conseil. — Lesné, p. 125, est d'avis que
le meilleur préservatif serait d'employer, au lieu
de colle de pâte, la colle-forte, comme font les
Anglais. »

Un autre moyen, mais impraticable, à notre avis,
est celui qu'indique Peignot. « Les livres attaqués
par les vers, dit-il, doivent être battus, mis à l'air et
exposés à une fumigation de soufre. La vapeur de ce
minéral les tue lorsqu'ils sont insectes parfaits, mais
ne produit aucun effet sur les œufs; ainsi il faut
attendre le temps où ils éclosent ordinairement,
c'est-à-dire vers le mois de mars. On peut aussi
umigér en été. »

On voit que presque tous les auteurs qui ont écrit
sur les « insectes qui rongent les livres » s'accordent
à dire que la colle dont on se sert est la première
cause de tous les dégâts commis par ces dangereux
bibliophobes.

L'expérience nous ayant aussi convaincu qu'il
aut éloigner des livres toute chose propre à en-
endrer des vers, et comme il est bien rare que toute

personne qui s'occupe de livres n'ait pas besoin de colle pour quelques réparations à faire soit aux reliures, soit aux livres, nous allons indiquer un moyen de préserver la colle de la moisissure, des insectes et des vers.

L'alun employé par les relieurs n'est pas un préservatif absolu, quoiqu'il contribue beaucoup à la préservation et la conservation des peaux. La résine en usage parmi les cordonniers est préférable, et agit entièrement dans le même sens; mais l'huile de térébenthine a beaucoup plus de puissance encore; la lavande et autres substances aromatiques d'une odeur forte, comme le poivre, l'anis, la bergamote, réussissent parfaitement, même en très-mince quantité; elles conservent la colle pendant un temps illimité. La meilleure colle est faite de fleur de farine ordinaire; on y ajoute de la cassonnade grise et une portion de sublimé corrosif. Le sucre lui donne du liant, et empêche la formation des écailles sur les surfaces polies. Le sublimé la défend des insectes et de la fermentation. Ce sel ne prévient pas la moisissure; mais, comme deux gouttes d'huile suffisent pour l'empêcher, toutes les causes de destruction sont ainsi enlevées. Cette colle, exposée à l'air, durcit sans se décomposer, et devient semblable à la corne; il faut la mouiller quelque temps avant d'en faire usage. Gardée dans un vase hermétiquement fermé, elle peut servir en tout temps sans autre préparation.

Nous terminerons en donnant un dernier conseil aux bibliophiles et aux amateurs qui veulent bien nous lire.

Répandre quelques gouttes d'huile de bouleau ' sur les tablettes de leur bibliothèque et ne jamais se servir de lainage pour l'entretien de la propreté nécessaire aux livres.

' Cette huile ou goudron tiré de l'écorce intérieure du bouleau noir donne aux cuirs de Russie leur odeur et leur qualité.

DES SOUSCRIPTIONS ET DE LA DATE

La souscription, dit Boulard [*], et après lui P...
(Psaume) [**] est la formule par laquelle finissent
tous les ouvrages imprimés dans le xvᵉ siècle; elle
était ordinairement conçue en ces termes : *Explicit
Liber qui dicitur*, etc., ensuite se trouvait le nom de la
ville, celui de l'imprimeur, la date de l'année et du
mois où il avait été imprimé; mais quelquefois on

[*] *Traité élémentaire de bibliographie.*
[**] *Dictionnaire de bibliographie.*

n'y voyait ni nom d'imprimeur, ni date, ni nom
de ville..

Dans les premiers temps, cette souscription était
en vers et commençait par la formule que chaque
imprimeur avait adoptée[*]; mais quelquefois elle
était en prose : on en trouve un nombre égal des
unes et des autres.

P... (Psaume) fait remarquer avec justesse que,
dans beaucoup de livres du xv⁰ siècle, on trouve des
souscriptions manuscrites, ce qui, continue-t-il, ne
doit pas peu contribuer à jeter de la défiance sur
certaines dates. Au reste, il a été souvent reconnu

---

[*] Cette formule, à quelques modifications près, était tou-
ours la même :

═ J. Fust et P. Schœffer terminaient ainsi :

> *Præsens hoc opus, artificiosa adinventione impri-
> mendi, seu caracterisandi absque calami exara-
> tion in civitate Moguntina sic effigiatum et ad
> Eusebium.*

═ Jean de Spire à Venise :

> *Primus in Adriaca formis impressit œneis Urbe
> libros. Spira genitus de stirpe Joannes In reliquis si quantu
> vides, etc.*

que des souscriptions imprimées n'étaient pas exemptes de fraudes.

La date s'écrivait de plusieurs manières. En chiffres romains ou en chiffres arabes et en toutes lettres.

L'usage d'exprimer la date d'un livre en chiffres romains remonte aux premiers temps de l'imprimerie et a été adopté par la majorité des imprimeurs.

Si l'emploi des chiffres arabes ne peut être sujet à aucune variation, il n'en est pas ainsi des chiffres romains; la manière quelquefois bizarre et embarrassante dont les imprimeurs ont modifié les mêmes signes pour exprimer des quantités différentes, fait penser que leur but était de les rendre inintelligibles

La connaissance des chiffres romains n'étant pas seule nécessaire pour se prononcer avec certitude sur certaines dates, et les personnes les plus versées dans cette connaissance étant quelquefois embarrassées et forcées d'examiner avec attention la position de ces signes, pour se prononcer avec certitude, nous croyons devoir donner une table des chiffres romains et d'y joindre des exemples qui mettront les nouveaux bibliophiles à même de connaître les diverses combinaisons employées par les imprimeurs, pour augmenter et modifier la valeur de ces signes numériques.

I	= 1	L	= 50
II	= 2	LX	= 60
III	= 3	LXX	= 70
IIII ou IV	= 4	LXXX ou XXC	= 80
V	= 5	LXXXX ou XC	= 90
VI	= 6	C	= 100
VII	= 7	CC	= 200
VIII	= 8	CCC	= 300
VIIII ou IX	= 9	CCCC ou CD	= 400
X	= 10	D	= 500
XX	= 20	DC	= 600
XXX	= 30	DCCCC ou CM	= 900
XXXX ou XL	= 40	M	= 1000

On voit par le tableau ci-dessus que le chiffre moindre, lorsqu'il précède un chiffre plus fort, en diminue la valeur de la même quantité dont il l'augmenterait s'il se trouvait placé après.

Ainsi : V vaut 5, s'il est seul; il vaut 6 s'il est suivi d'un I (VI = 6), au lieu que si l'I le précède, il ne vaut que 4 (IV = 4).

C'est comme si l'on disait : cinq moins un — cinq plus un. Il en est de même de l'X précédé ou suivi de l'I (IX vaut 9, tandis que XI vaut 11), de L précédé ou suivi de X (XL vaut 40, tandis que LX vaut 60), du C également précédé ou suivi de X

(XC vaut 90, tandis que CX vaut 110); et ainsi de suite pour tous les chiffres romains placés avant ou après un autre.

Ces explications que nous avons cru nécessaires, et dont un grand nombre de bibliographes n'ont pas dédaigné de s'occuper, paraîtront peut-être superflues à un grand nombre de personnes; aussi, nous hâtons-nous de déclarer que nous ne nous adressons qu'aux nouveaux bibliophiles, que ce ne sont que des « connaissances *nécessaires* à un bibliophile » dont nous voulons nous occuper, et que nous ne négligerons rien pour arriver à notre but.

S'il est facile, d'après la connaissance de la valeur des chiffres romains, de savoir quelle est la date ou la quantité qu'on a voulu désigner, lorsque la marche ordinaire a été suivie, il n'en est pas de même de certains ouvrages du xvᵉ siècle et même des siècles suivants, principalement parmi ceux imprimés en Hollande, dans lesquels la méthode ordinaire a été intervertie et dont les dates demandent un examen attentif pour ne pas se tromper.

Nous allons rapporter ci-dessous celles qui nous ont paru les plus singulières ou les plus difficiles à deviner :

M CCCC iiij XX VIII = 1488
M iiiic iiii XX Viij = 1488

M LCXV	=	1495
M CD XCV	=	1495
M CD XC VI	=	1496
M iiij D	=	1496
M iij D ou MIII D	=	1497
M CCCC XC Viij	=	1498
M CCCC IIC	=	1498
M CD XC IX	=	1499
M ↄↄↄↄ ID	=	1499
M ↄ VIII	=	1508
M 'ↄ XX	=	1520
M D XL IIX	=	1548
Cↄ 'ↄ LIIII	=	1554
Cↄ 'ↄ XC VI	=	1586
M CDC II	=	1602
Cↄↄ ↄ CX	=	1610
Cↄↄ ↄ CXX VI	=	1626

On connaît aussi beaucoup d'ouvrages dont la date se trouve écrite en toutes lettres et pour lesquelles la connaissance des langues mortes et vivantes est nécessaire :

= Anno domini Millesimoquadringentesimooctogesimo tercio = 1483 *.

* *Freytag. Adparatus litterarius* I, page. 139.

= Im iar nach Cristi geburt Tausend fünffhundert
    und vier und zwentig = 1524 *.

= Anno quingentesimo sexto supra millesimum
    = 1584 **.

= Anno supra sesquimillesimum sexto = 1506 ***.

Plusieurs ouvrages ont une partie de la date écrite
en lettres tandis que l'autre l'est en chiffres romains :

= Anno millesimo CCCC octogesimo = 1488.

Quelques ouvrages portent, sur le frontispice, une
date différente de celle qui se trouve à la fin ; et il
arrive encore que, lorsqu'il y a plusieurs volumes,
chaque volume porte une date différente, de manière
que le premier semble moins ancien que les autres,
ce qui pourrait faire croire que l'exemplaire que l'on
possède est rappareillé. — Entre autres exemples, on
peut citer celui de Cicéron imprimé par les Junte,
dans lequel le premier est de 1534 et le troisième
de 1536, bien qu'il n'y ait eu qu'une seule édition.

    Il existe un grand nombre d'ouvrages qui ne
portent ni date, ni désignation de ville, ni nom d'imprimeur ; toutefois, un bibliophile doit s'attacher à

---

* *Freytag, Adparatus litterarius* I, pag. 148.
** *Freytag, Adparatus litterarius* I, pag. 170.
*** *Freytag, Adparatus litterarius* II, pag. 865.

deviner, pour ainsi dire, l'un et l'autre. Mais, comme il ne peut le faire que par conjecture, et en comparant les usages du temps, la forme des caractères, la marque du papier, etc., il est difficile de faire un jugement dont on puisse affirmer l'exactitude. [*]

Bien que la comparaison des caractères soit la méthode la plus usitée, néanmoins, elle n'est pas infaillible. En supposant même que chaque imprimeur se servît exclusivement d'un caractère, n'est-il pas possible qu'à sa mort, il ait passé dans les mains d'un autre, et même ait été transféré dans une autre ville ? Ne pouvait-il pas réimprimer d'anciens ouvrages sortis de ses presses, ou bien l'acquéreur de l'imprimerie faire la même chose ? Jean Schoiffer, fils de P. Schoiffer, n'a-t-il pas réimprimé, en 1516, un psautier qu'il aurait pu donner pour une édition de 1459, 1490 ou 1502, puisqu'il s'est servi des mêmes caractères, s'il avait voulu suivre les usages de ponctuation, etc., de son père [*] ?

On trouve plusieurs exemples de la fausseté des dates, ou par quelques erreurs dans les chiffres, ou parce que l'imprimeur l'a désignée par un motif particulier. Ces erreurs ou cette fraude ont quelquefois

---

[*] Voir le chapitre : Des signes distinctifs des anciennes éditions.

trompé des bibliographes très-instruits ; mais il n'est
pas impossible de les reconnaître au moyen d'un peu
d'attention, pour peu qu'on soit versé dans la connaissance des anciennes éditions. Par exemple, la
date de la *Biblia sacra*, Embricæ, Gruninger 1465, est
évidemment fausse, puisque Gruninger n'a rien
mprimé avant 1490 ; mais on doit présumer que,
par une faute typographique, le 9 a été retourné et
n'a indiqué qu'un 6. Le *Decor puellarum* de Jenson,
imprimé à Venise en 1461, est de 1471 ', encore par
une faute typographique non corrigée ". Mais les
deux dates dont la fausseté est indiscutable, sont
celles dont Marchand fait mention et dont il signale
l'inexactitude ···. On voit, dit-il, dans la bibliothèque
de Sorbonne, deux imprimez *in-folio*. L'une (sic) finit

' Voyez Bernard : *De l'origine et des débuts de l'imprimerie en Europe* II, 174.

" Sardini, dans le livre si curieux qu'il a consacré à
Jenson sous le titre de : « *Esame sul principi della francese
ed italiana tipografia, ovvero sotoria critica di Nicolao Jenson. Lucques 1796-1798* », a prouvé que le *decor puellarum*
était de 1471 et non de 1461 comme le porte par erreur le
livre.

··· *Histoire de l'origine et des premiers progrès de
l'imprimerie. La Haye 1740.* IIᵉ partie pag. 106 et suivantes.

par ces termes : *Flores de diversis Sermonibus et Epistolis B. Bernardi, per me Joann. Koelhof de Lubeck, Coloniensem Civem, impressi An. MCCCC. feliciter finiunt...* l'autre, une édition du *Manipulus Curatorum* de Guy de Mont-Rocher, imprimée à Paris, *in-quarto*, où on lit ces termes écrits en cette manière : *Completus Parisus Anno Domini millesimo CCCC. vicensimo tertio. Amen.*

Il y aurait beaucoup à dire sur certaines éditions offrant des dates inintelligibles ou sur les dates inventées à plaisir ; mais, comme l'a fait observer M. G. Brunet, c'est un chapitre qui rentre dans l'histoire des singularités typographiques, dont nous n'avons pas à nous occuper ici.

DE LA COLLATION DES LIVRES

Règle générale, un amateur ne doit jamais acheter un livre sans le collationner; à moins, cependant, que ce livre ne provienne de chez un libraire qui l'ait collationné et en ait fait part à l'acheteur lors de la vente de cet ouvrage.

Par la collation on s'assure que l'ouvrage est complet et qu'il n'a ni tache, ni piqûre de vers ni déchirures, enfin qu'il n'y existe pas quelques imperfections qui peuvent en diminuer la valeur et autoriser à le rendre au vendeur. Il y a lieu d'examiner aussi s'il n'y a pas de feuilles déplacées. si toutes les gravures s'y trouvent, si les cartes et grandes feuilles sont collées avec onglet et pliées de manière que l'on puisse les développer avec facilité, sans risquer de les déchirer.

La collation, avant la reliure comme après, est en outre une chose nécessaire à connaître; car elle donne la certitude qu'un ouvrage est complet et sans défaut.

Cette opération demande beaucoup d'application et une connaissance particulière des livres, surtout lorsqu'il s'agit des impressions des premiers temps de la typographie qui présentent de grandes difficultés; et qui, par leur ancienneté et leur rareté, exigent un examen plus scrupuleux.

Parmi les différentes manières de collationner un livre, la plus usitée est celle qui se fait par le moyen des chiffres placés en haut des pages*. Mais pour

---

* Selon La Serna Santander, les chiffres de pagination ne datent que de 1471, puisqu'ils se voient pour la première fois dans le *Liber de remediis utriusque fortunæ* (non pas celui de Pétrarque, mais celui d'Adrien le Chartreux). *Coloniæ, Arn. Therhoernen,* 1471 *die octavâ Februari* in-4. Depuis cette assertion, cet ouvrage n'a plus l'autorité pour les chiffres depuis qu'on en a trouvé un autre du

éviter une méprise on doit consulter la réclame*.

Pour ce genre de collationnement, on le fait plus commodément en mettant le livre à plat, sur une table, et on se sert de la pointe d'une aiguille, d'un canif ou d'un poinçon. On tient la pointe de la main droite et le livre sous la gauche; et, piquant légèrement le bout d'en bas d'une feuille, on lève chaque fois les feuillets de chaque cahier qui portent des signatures, commençant toujours par la lettre A

même imprimeur publié à Cologne en 1470 et intitulé *Sermo prœdicabilis in festo prœsentationis beatissimœ Mariœ Per impressionem multiplicatus, sub hoc currente anno Mᵒ CCCCᵒ LXXᵒ*, petit in-4ᵒ composé de 12 feuillets et de 27 lignes à la page.

* L'une et l'autre de ces deux méthodes ne sont pas toujours suffisantes pour s'assurer si un ouvrage qui a paru complet, l'est réellement. Dans un ouvrage de plusieurs tomes, dans l'in-quarto, par exemple, la signature A ou 1 finit à la page 8, celle B ou 2 commence à la page 9, et ainsi de suite jusqu'à la fin ; or, la même signature porte aussi les mêmes chiffres de pagination dans les tomes suivants, et si, par hasard, un relieur a mis un cahier d'un tome dans un autre, et que ce soit la même lettre paraissant devoir occuper cette place, alors il devient difficile de collationner. Pour obvier à cet inconvénient, les imprimeurs modernes ajoutent, vis-à-vis la signature de la feuille, le numéro du tome, si l'ouvrage est divisé en plusieurs tomes,

ou le chiffre 1. Quand on ne voit plus de signature
on tourne ses feuillets, on renverse le cahier à
gauche, mettant toujours la bonne lettre contre la
table et la dernière page de la feuille à découvert. On
fait la même opération sur la feuille suivante qui est
signaturée B ou 2, et on continue ainsi jusqu'à la
dernière feuille.

Si on veut faire le collationnement au moyen des
chiffres qui se trouvent en haut des pages, on opère
de même.

Cette façon de collationner un livre, au moyen
d'une pointe quelconque, est très-expéditive; et,
avec un peu d'habitude, on peut arriver au collationnement d'un ouvrage de plusieurs feuilles en quelques instants.

S'il est facile de collationner un livre qui possède
tout ce qui peut en faciliter la collation, combien de
difficultés ne rencontre-t-on pas dans celui qui date
des premiers temps de l'imprimerie, puisqu'il est
sans chiffre, signature et réclame*. Cette difficulté

On peut avoir recours, pour la collation de ces
livres, au registre qui se trouve à la fin d'un grand nombre
d'ouvrages du xv° siècle. Le *registre* (registrum chartarum)
consistait à rappeler, dans une petite table, les premiers
mots des feuilles. Malheureusement peu d'ouvrages pour
lesquels avaient été imprimés ces registres les possèdent. Le

est quelquefois telle, qu'il n'est possible de s'assurer qu'un exemplaire est complet qu'en le conférant avec un autre auquel on s'est assuré que rien ne manque˙.

Les ouvrages qui doivent être ornés de figures demandent d'autres connaissances et un autre genre de lumières et d'attention, parce que ces figures sont susceptibles de diverses modifications soit, quant au nombre, soit quant à la qualité. Quant au nombre, parce qu'il serait possible qu'on en eût soustrait quelques-unes qui n'auraient paru qu'après l'ouvrage fait et livré; quant à la qualité, parce qu'elle consiste dans la beauté des épreuves qui sont avant la lettre, sur chine ou sur autre papier, ou du moins en premières épreuves, avec les remarques qui servent à les faire connaître.

Il est donc nécessaire de connaître le nombre de

feuillet sur lequel il était imprimé se trouvait à la fin du livre; et, une fois que le relieur s'en était servi, il était le plus souvent exposé à être déchiré. On vit le registre pour la première fois, dans le *Cæsar* de 1469.

˙ Cette ressource, lorsqu'il est encore possible de se la procurer, est infiniment précieuse; et il est bon de consulter en pareil cas les ouvrages de Maittaire, Panzer, La Serna, Hain, etc., sur les ouvrages des xvᵉ et xviᵉ siècles,

figures qui enrichissent un ouvrage, ainsi que l'endroit où elles doivent être placées ; il faut les compter et surtout prendre garde qu'il s'en trouve quelqu'une répétée à la place de celle qui doit s'y trouver, ce qui arrive quelquefois [*].

Ces figures peuvent encore être tirées en couleur, ou bien même coloriées ; comme dans la plupart des ouvrages sur l'histoire naturelle : dans tous ces cas, il est nécessaire d'apporter beaucoup d'attention, afin de découvrir les supercheries qu'on aurait pu mettre en œuvre. Il faut, examiner aussi si les figures sont d'une égale beauté et n'ont point été mélangées, ce qui ne pourrait former qu'un exemplaire médiocre.

Il y a des ouvrages composés de différentes pièces, de manière que chaque traité semble former un ouvrage seul et indépendant, parce que le chiffre du haut des pages et les signatures recommencent à chacun des traités ; ces ouvrages sont très-difficiles

* Par exemple : L'*Orlando furioso adornato di fig. di rame da Gir. Porro*, de l'Arioste, *Venetia*, 1584, où la figure du 34ᵉ chant manque presque toujours ; mais, pour masquer ce défaut, on a mis à sa place celle d'un autre chant. Dans d'autres ouvrages, il y a des figures qui doivent être doubles, ou, du moins, porter les remarques qui indiquent que ce sont des premières épreuves.

à collationner, à moins qu'on ait des renseignements positifs sur l'ordre d'assemblage par rapport aux temps où ils ont été composés ou aux matières dont ils traitent; ou, ce qui vaut mieux, un exemplaire complet du même livre [*].

Il n'est pas très-aisé non plus de collationner les ouvrages de certains auteurs, qui ont composé un grand nombre de pièces peu volumineuses sur diverses matières, lesquelles ont été imprimées à des époques éloignées l'une de l'autre [**].

Une autre espèce d'ouvrages bien plus pénible à

[*] Parmi ces ouvrages, on peut citer : *Historiæ sive synopsis methodicæ conchyliorum, quorum omnium pictura ad vivum delineata exhibetur, libri IV, cum appendicibus auct.* (*Martinus*) *Lister.* *Londini*, 1685-93, pet. in-fol. — *Harmonie universelle, contenant la théorie et la pratique de la musique, où il est traité de la nature des sons et des mouvemens, des consonnances, des dissonnances, des genres, des modes, de la composition, de la voix, des chants et de toutes sortes d'instruments harmoniques, par Marin Marsenne. Paris, Sébastien Cramoisy, ou Richard Charlemagne ou Pierre Baltard*, 1636-37, 2 tomes in-fol., fig., etc.

[**] Tels sont ceux de *Catharinot*, de *Bernard*, de *Bluet d'Arberes*, qui prenait le titre de : Comte de Permission, et de quelques autres originaux *ejusdem farinæ*, dont les productions sont difficiles à trouver complètes.

collationner est celle dans laquelle doivent se trouver des cartons *.

Il existe enfin d'autres ouvrages dont la collation présente de grandes difficultés; ce sont ceux qui, étant terminés et n'ayant rien pour indiquer qu'ils doivent avoir une suite, passent néanmoins pour imparfaits lorsqu'on n'y a pas joint un traité, une dissertation ou quelques autres pièces données après coup et qu'on a l'habitude d'y joindre. Tels sont, par exemple, le *Lib. V, qui est de serpentium natura; adjecta est ad calcem scorpionis insecti historia,* qui est la suite de l'ouvrage de *Conr. Gesnerus : Historia animalium. Tigurini, Froschover,* 1551-87, in-fol. — La *Dissertation historique sur quelques monnoyes de Charlemagne, de Louis le Débonnaire, etc., frappées dans Rome. Paris, J.-B. Coignard,* 1689, in-4, fig., qui doit être jointe au *Traité*

* Les cartons sont des feuillets qu'on veut substituer à la place de quelques autres, soit en vue de remédier à quelques erreurs typographiques, trop considérables pour pouvoir être renvoyées à l'*errata* qui se met à la fin de l'ouvrage, soit pour obéir aux exigences de la censure ou pour d'autres considérations analogues. D'autres cartons, au contraire, servent dans quelques ouvrages pour l'impression de passages libres, et qui ne se vendent que sous le manteau.

historique des monnoyes de France, avec leurs figures, depuis le commencement de la monarchie jusqu'à présent, par Fr. Le Blanc. Paris, J. Boudot, 1690, in-4, fig., etc.

DES SIGNES DISTINCTIFS
DES ANCIENNES ÉDITIONS

Comme les premiers livres imprimés sont d'un
grand prix aux yeux des amateurs, un bibliophile doit s'attacher à connaître les anciennes
éditions, de manière à ne pas les confondre avec
celles d'une date moins reculée. Les signes auxquels
on reconnaît ordinairement ces éditions, lorsqu'elles
sont sans date, se trouvent dans un ouvrage de
Sébastien-Jacques Jungendre, intitulé : *Disquisitio in
notas characteristicas librorum à typographiæ incunablo*

ad an. M.D. impressorum, etc., 1740, in-4°. Voici ces signes :

1° *L'absence des titres sur une feuille séparée.*

Ce signe d'ancienneté n'est point équivoque, car ce n'est que vers 1476 ou 1480 qu'on a commencé à imprimer les titres des livres sur un feuillet séparé ; et les titres des chapitres se voyaient déjà dans les *Épitres de Cicéron*, de 1470.

2° *L'absence des lettres capitales au commencement des divisions.*

Dans les premiers temps de l'imprimerie, les imprimeurs laissaient la place en blanc, et les acheteurs faisaient ensuite remplir ce VUIDE par des calligraphes qui y plaçaient la lettre initiale, accompagnée de quelque miniature ou d'ornement en or et en couleur.

3° *La rareté de ces mêmes divisions.*

4° *Le non emploi des virgules et des points virgules.*

Ce signe paraît équivoque ; car la virgule est très-ancienne et a été imitée des manuscrits. On la distingue dans les premières éditions, souvent figurée par une ligne oblique. Jungendre a voulu probablement parler de la forme de la virgule qui a

varié et qui ne se place pas de même chez les différentes nations. Les Allemands, les Suisses et les
Anglais la mettent sans espace, immédiatement après
le mot. Les Espagnols et les Italiens la fixent entre
deux espaces inégaux, et dont le premier est moins
étendu que l'autre.

5° *L'inégalité et la grossièreté des types.*

Cette inégalité et cette grossièreté ne subsistèrent
pas longtemps : peu à peu les caractères se perfec-
tionnèrent, et nous voyons sur la fin du xv⁰ siècle
des éditions bien préférables aux éditions de
plusieurs imprimeries modernes.

6° *Le manque de chiffres au haut des feuillets ou des*
pages, et celui des signatures et des réclames au bas.

L'usage des chiffres, signatures et réclames, bien
qu'étant d'une date postérieure à la découverte de
l'imprimerie, n'a été employé dans l'imprimerie
qu'en 1470 (voir page 68).

7° *La solidité et l'épaisseur du papier.*

8° *Le défaut du nom d'imprimeur, du nom de la ville e*
de la date de l'année.

9° *Enfin la grande quantité d'abréviations.*

On pourrait encore ajouter à ces signes, dit Peignot, quelques autres marques qui n'appartiennent

qu'aux éditions du xvᵉ siècle, telles que des points carrés, des traits obliques en place de points sur les *i*, des signes particuliers d'abréviation, comme *z* pour *et*; ne q 3 et quib 3 pour *neque* et *quibus*; des *q* avec une croix placée au bas de la branche perpendiculaire de cette lettre pour exprimer *quam* ou *quod*, etc., etc.; mais en général tous ces signes sont quelquefois fautifs, et il faut être versé dans la bibliographie pour en faire une application toujours juste et concluante.

DES ABRÉVIATIONS

USITÉES DANS LES CATALOGUES

POUR INDIQUER LES CONDITIONS

L A bibliographie, comme chaque art et chaque science, a sa langue particulière *semblable à l'algèbre; elle a composé la sienne des signes les plus simples, tels que crochets, parenthèses, abréviations, etc. En les employant, on est dispensé de détails qui paraîtraient fastidieux dans le langage or-

* A. A. Barbier. Avertissement du catalogue des livres de la bibliothèque du conseil d'État. Paris, an XI, in-fol..

dinaire; et leur présence dans l'énoncé d'un titre supplée tantôt à une omission, tantôt à un défaut de développement.

Pour abréger l'analyse des titres, pour économiser le temps et la place, on se sert ordinairement dans les catalogues ou annonces de livres de diverses abréviations, pour désigner le format, les qualités ou la condition d'un ouvrage, la manière dont il est relié, sur quel papier il est imprimé, etc. Comme ces abréviations ne sont pas connues de tout le monde, qu'un assez grand nombre de personnes se trouveront embarrassées pour les expliquer, et qu'il est important de les connaître, nous avons pensé qu'il serait agréable aux amateurs d'en avoir l'explication.

Nous allons les indiquer ici :

Tableau des abréviations bibliographiques.

868 . . . . pour 1868.

805-840. . . — 1805 à 1840.

s. l. n. d. . . — sans lieu ni date.

T. *ou* tom. . — tome.

V. *ou* vol. . — volume.

A . . . . — anno ou année.

app. . . . — appendice.

Amst. . . . — Amsterdam.

Aug.-Vind. pour Augustæ-Vindelicorum.

Harn. . . . — Harniæ.

Lips. . . . — Lipsiæ.

Lugd. . . . — Lugduni.

Lugd.-B . . — Lugduni-Batavorum.

form. . . . — format.

f. ob.*ou* form. obl. format oblong.

f. atl . . . — format atlantique.

f° *ou* in-fol. . — in-folio.

4o *ou* in-4°. . — in-quarto.

8° *ou* in-8ᵈ . — in-octavo.

21 *ou* in-12 . — in-douze.

in-24. . . . — in-vingt-quatre.

in-32 . . . — in-trente-deux.

in-64 . . . — in-soixante-quatre.

supp. . . . — supplément.

éd. . . . . — édition.

goth . . . — gothique.

g. p. *ou* gr. pap grand papier.

p. méd. . . — papier médium ou moyen.

p. p. . . — petit papier.

p. v. . . . — papier vergé.

p. vél . . — papier vélin.

p de H. . — papier de Hollande.

gr. marg. . — grandes marges.

l. r. . . . — lavé réglé.

pp. . . . pour pages.

ff. . . . — feuillets.

br. . . — broché.

broch. . . — brochure.

cart. . . . — cartonné.

cart. Brad. . — cartonnage Bradel.

d. rel. *ou* dem.-rel. demi-reliure.

anc. rel. . — ancienne reliure.

m. ant. . . — maroquin antique.

m. b . . . — maroquin bleu.

m cit. . — maroquin citron.

m. n. . . — maroquin noir.

m r . . — maroquin rouge.

m. v. . . — maroquin vert.

m. viol. . . . — maroquin violet.

m. d. L . . — maroquin du Levant.

m. d. d. m. — maroquin doublé de maroquin

m. d. d. t. — maroquin doublé de tabis.

p. d. t. d. R. — peau de truie de Russie.

c. d. R . . — cuir de Russie.

v. b. . . — veau brun.

v. éc . . . — veau écaille.

v. f. . . . — veau fauve.

v. fil. . . . — veau filets.

v. jas. . . — veau jaspé.

v. m. . . — veau marbré.

v. p. . . pour veau porphyre.

v. r. . . — veau racine.

vél. . . . — vélin.

vél. de H. . — vélin Hollande.

parch. . . — parchemin.

b. *ou* bas. . — basane.

ch. m. . . — charta magna.

f. d. . . — filets dorés.

f. d. s. l. p. — filets d'or sur les plats.

f. comp. . — filets à compartiments.

dent. . . — dentelle.

dent. int. . — dentelle intérieure.

p. f. *ou* pet. f. — petits fers.

à fr. . . . — à froid.

d. s. t. . . — doré sur tranche.

tr. dor. . . — tranche dorée.

tr. cis. . . — tranche ciselée.

tr. r. . . . — tranche rouge.

tr. m. . . — tranche marbrée.

tr. p. . . — tranche peigne.

n. rog . . — non rogné.

c. et ferm. . — coins et fermoir.

front. gr. . — frontispice gravé.

tit. r. et n. — titre rouge et noir.

c. f. . . . — *cum figuris,* avec figures.

fig. s. b. . — figures sur bois.

fig. col.　.　— figures coloriées.

pl. enl　.　— planches enluminées.

portr.　.　.　— portrait.

vign.　.　— vignettes.

qq. mouill.　— quelques mouillures.

mouill. et piq.　— mouillures et piqûres.

MSS.　.　.　— manuscrit.

ms.　.　.　.　— manuscrits.

autog.　.　.　— autographe.

sig.　.　.　.　— signé *ou* signature.

Quelques exemples :

855-867. 12 vol. 4° d. rel. et c. m. r. t. d. n. r.

1855 à 1867. 12 volumes in-quarto, demi-reliure et coins maroquin rouge, tête dorée, non rogné.

563. 8°. anc. rel., m. r. d. d. m. n , dent. int., f. comp. s. l. p. tr. dor. (Bel exempl.)

1563. 1 volume in-octavo, ancienne reliure, maroquin rouge doublé de maroquin noir, dentelle intérieure, filets à compartiments sur les plats, tranche dorée. (Bel exemplaire.)

835. 4 vol. in-12, dem.-rel. m. b., tr. p. (qq. mouill.).

1835. 4 volumes in-douze, demi-reliure maroquin bleu, tranche peigne. (Quelques mouillures.)

DE LA CONNAISSANCE ET DE L'AMOUR

DES LIVRES

DE LEURS DIVERS DEGRÉS DE RARETÉ

C<small>E</small> chapitre ayant été traité par Cailleau, dans son *Dictionnaire bibliographique*, il nous a paru curieux de le reproduire ici. Près de quatre-vingts ans se sont écoulés depuis que ce savant bibliographe a écrit cet essai : on verra que, si la mode change, les ouvrages rares il y a un siècle sont encore rares aujourd'hui ; et que le titre *très-rare*, que l'on prodigue trop souvent pour des ouvrages dont la

mode fait le prix, ne doit être donné qu'à des
ouvrages dont la rareté est indiscutable.

———

Il n'est pas toujours facile de trouver des livres
souvent la difficulté d'en découvrir certains en fait
la rareté; elle croît et décroît en raisons égales, selon
la diversité *des temps, des lieux* et *des personnes.*

Tel livre aujourd'hui sera *très-commun,* qui, dans
dix ou vingt ans, sera *très-rare,* ou peut-être dans
peu. Tel autre se présentera chaque jour chez
l'étranger que l'on chercherait vainement en France.
Le troisième ne saurait échapper à la vigilance d'un
homme dont les correspondances s'étendent jusqu'au
bout de l'Europe; tandis qu'il est inaccessible pour
celui dont les liaisons ne vont pas au delà des
bornes de sa patrie.

Les inclinations des hommes étant variées, presque
tous agissent par des motifs différents.

Les uns ne désirent absolument un livre que
pour le lire attentivement, le consulter sur le sujet
qui les occupent, y avoir recours au besoin, s'en
servir enfin; aussi l'amour des livres n'est-il
véritablement estimable qu'autant qu'on sait les

apprécier, les lire en philosophe, distinguer ce qu'il peut y avoir de bon d'avec ce qu'ils peuvent contenir de mauvais, et qu'on les possède pour les autres autant que pour soi-même.

D'autres n'aspirent au plaisir d'avoir des livres que dans la vue d'enrichir leur cabinet, d'y entasser les sciences à prix d'argent, et souvent même, esclaves de la vanité, pour orner ces mêmes livres de magnifiques reliures, et pour le seul plaisir de les contempler sans oser les ouvrir.

Selon nous, les premiers ont des ressources beaucoup plus étendues que ceux-ci : les bibliothèques publiques ou particulières sont autant de trésors pour ceux qui ont la liberté d'y puiser, dans l'espoir d'y rencontrer l'objet de leurs désirs.

Les derniers n'envisagent au contraire ces précieux dépôts qu'avec envie; ce sont pour eux autant de fâcheuses prisons qui détiennent en captivité les auteurs qu'ils voudraient faire passer sous leur domination, autant d'abîmes affreux qui engloutissent pour toujours les ouvrages les plus rares et les plus curieux : ils leur présentent incessamment de nouveaux obstacles dont ils ne triomphent qu'à force d'argent et de difficultés.

Les bibliothèques passagères leur sont plus supportables, parce qu'elles atteignent ordinairement leur période au décès de leurs possesseurs, et qu'étant ensuite exposés au gré des acheteurs, ils trouvent ainsi la facilité de se procurer les livres qui conviennent le plus à l'accroissement de ceux qu'ils ont déjà.

Comme les grandes bibliothèques ne sont que des assemblages très-médiocres auprès de cette multitude de livres que la presse enfante depuis son invention, il arrive souvent que l'on cherche en vain divers ouvrages; soit parce qu'il en existe si peu d'exemplaires, que l'acquisition en est moralement impossible; soit parce que les copies en ont été si dispersées à la longue, qu'elles se dérobent insensiblement aux yeux des amateurs, ou qu'elles sont presque entièrement sorties du commerce des hommes.

De là vient qu'un livre peut *être commun* dans les bibliothèques publiques, et qu'il soit fort rare dans celles particulières ! Par exemple, les *Acta Sanctorum* des Bollandistes doivent occuper une place dans toutes les bibliothèques publiques; mais il est difficile de les trouver dans celles particulières, à cause du grand prix, qui met ordinairement un frein à la cupidité.

Nous concluons de tout cela, qu'il y a *deux sortes de livres rares;* les uns le sont absolument par eux-mêmes, vu le peu d'exemplaires qu'il y en a eu d'imprimés; et les autres qui ne le sont qu'à certains égards.

La rareté des premiers *est absolue;* celle des derniers n'est que *relative :* c'est à ces deux chefs que se rapportent toutes les règles concernant la rareté des livres et des éditions.

Il ne faut pas confondre les ouvrages mêmes avec les diverses éditions qu'on en a faites. Un livre peut être très-facile à trouver, dont il y ait des éditions très-rares, ainsi qu'on le verra dans le cours de cet essai.

DES LIVRES DONT LA RARETÉ EST ABSOLUE

De ce nombre sont :

1° *Les Ouvrages dont on n'a tiré que très-peu d'exemplaires.*

On ne doit pas se laisser tromper par une trop grande crédulité. Dans la préface des *Considérations sur les coups d'État,* de Gabriel Naudé, imprimées à Rouen en 1630, in-4°, on a assuré qu'il n'en avait été imprimé que douze exemplaires. Cependant de Colomiez nous apprend, dans son *Recueil de Particularités,* qu'il y en a plus d'une centaine. Voyez *Colomesii Opera.* Hamb., 1709, in-4°, page 326.

2° *Ceux que l'on a supprimés avec beaucoup*
de rigueur.

La suppression d'un ouvrage n'en cause pas toujours la rareté; au contraire, elle le fait rechercher
avec tant de cupidité, qu'il se trouve souvent des
libraires avides de gain, assez hardis pour le mettre
de nouveau sous la presse, dans l'espoir d'un prompt
débit; mais l'édition supprimée devient infailible-
ment rare, soit qu'on en ait sauvé une portion, soit
qu'elle ait été confisquée chez l'imprimeur.

3° *Ceux qui ont été entièrement détruits par quelque*
accident funeste.

Les flammes qui dévorèrent la maison de *Jean
Hevelius* détruisirent en même temps tous les exemplaires de ses ouvrages, et surtout la seconde partie
de sa *Machina Cœlestis*, qui aurait été réduite au néant,
s'il n'en eût donné quelques exemplaires à ses amis
avant cet incendie.

4° *Ceux dont on n'a imprimé qu'une partie et qui*
n'ont pas été achevés.

Cela arrive ordinairement quand l'éditeur ne trouve
pas le moyen de faire achever son ouvrage; il ne
saurait le mettre en vente : il n'y a qu'un connais-

seur ou amateur à qui il appartient d'en sauver
quelques copies pour en prévenir la destruction
totale.

5° *Ceux imprimés sur du papier beaucoup plus grand que
celui dont on s'est servi pour le reste de l'édition ou sur
du papier vélin.*

On tire quelquefois d'un ouvrage cinquante exemplaires, et même davantage, sur du grand papier ou
sur du papier vélin; mais ce nombre n'est pas suffi-
sant pour empêcher qu'ils ne soient infiniment rares
dès qu'ils sont sortis du magasin du libraire. La
force du papier, sa beauté, et encore plus la grandeur des marges les font rechercher avec tant d'empressement par les curieux, que souvent ils ne mettent point de bornes au prix qu'ils y attachent.

6° *Les exemplaires d'un ouvrage imprimé sur du vélin.*

Ces livres sont ordinairement très-rares et très-
recherchés, parce qu'on n'en tire ordinairement que
deux ou trois, vu qu'ils montent à un prix excessif.

7° *Les anciens manuscrits, avant ou après l'invention
de l'imprimerie.*

Ces manuscrits originaux font la richesse des Bibliothèques. Ils sont ordinairement sur du vélin, et

ne peuvent manquer d'être recherchés, surtout. lorsqu'ils sont ornés de miniatures et de lettres peintes
en or, et qu'elles sont bien conservées.

DES LIVRES
DONT LA RARETÉ EST RELATIVE

*Les livres qui n'intéressent que peu de personnes ou quel-
ques-unes en particulier, sont de ce nombre :*

1º *Les grands ouvrages.*

Les grands ouvrages sont communs dans les grandes
bibliothèques, où ils trouvent leur place naturelle ;
mais, comme les connaissances de la plupart de nos
savants sont plus-étendues que leur fortune, il en
est peu qui puissent ou veuillent en faire l'acquisition : tels que les *Acta Sanctorum*, les Conciles, la
grande Bibliothèque des Pères, la *Bibliotheca Maxima
Pontificia* de Rucaberti, la *Gallia Christiana*, et autres
semblables, sont autant de piliers de bibliothèque,
qui ne se trouvent pas facilement ailleurs.

2º *Les pièces volantes.*

Dès leur naissance, les pièces volantes se perdent
dans la foule ; c'est pourquoi elles doivent entrer
dans les bibliothèques publiques pour en prévenir la
destruction.

3º *Les histoires particulières des villes.*

L'histoire d'une ville n'intéresse proprement que ses habitants : elle trouve peu d'amateurs étrangers ; aussi est-elle ordinairement rare partout ailleurs.

4º *Les histoires des académies et sociétés littéraires.*

Les histoires des académies et sociétés littéraires ne sont pas non plus du goût de tout le monde ; le sujet en est trop particulier.

5º *Les vies des savants.*

La vie d'un homme de lettres n'est ordinairement qu'une petite pièce qui se perd ; ou, si elle forme un gros volume, peu de personnes veulent en faire la dépense. L'éditeur ne s'en défait que lentement ; elle se cache peu à peu, et ne se trouve que difficilement après plusieurs années.

6º *Les catalogues des bibliothèques publiques et particulières.*

Les catalogues des bibliothèques particulières tombent entre les mains de tant de personnes qui les méprisent, qu'il est comme impossible qu'ils se conservent entiers sous leur domination. Nous en exceptons cependant les catalogues des fameuses biblio-

thèques dont les livres ont été vendus publiquement
et auxquels on a ajouté les prix. Ces derniers ont
une certaine valeur pour les amateurs et les bibliographes. Ceux des bibliothèques publiques composent des *in-folio* qui entrent en partie dans les grandes
bibliothèques, et, ne trouvant pas beaucoup d'amateurs parmi les particuliers, deviennent rares avec
le temps. Ajoutons que l'on n'en tire souvent que
peu d'exemplaires, ou qu'ils ne sont jamais exposés
en vente.

7° *Les livres de pure critique.*

Comme les critiques sont en très-petit·nombre, il
arrive que les livres écrits uniquement pour eux se
répandent dans divers pays, et deviennent enfin géné-
ralement rares.

8° *Les livres d'antiquités.*

Ces livres sont ordinairement enrichis de figures
représentant des vases, des statues, des médail-
les, etc., etc. Ces figures, surtout les premières
épreuves, en rehaussent considérablement le prix.
Les planches s'usent, on les retouche, et elles n'ont
plus qu'un faible mérite; enfin elles se perdent avec
le temps, ce qui fait qu'on ne réimprime ces sortes
d'ouvrages que très-difficilement. Ajoutons que le
nombre d'exemplaires que l'on en tire, ainsi que de

tous les livres dont on parle, est ordinairement calculé sur le goût particulier des acheteurs, ce qui les rend plus ou moins rares.

9° *Les livres qui traitent des arts curieux.*

Les livres de musique, de peinture, sculpture, alchimie, etc., ne conviennent qu'à un certain nombre de curieux. Ils se répandent dans les maisons où l'on cultive ces arts, et sortent enfin du commerce ordinaire des livres qui sont à l'usage des savants; aussi ne les rencontre-t-on qu'avec difficulté dès qu'ils sont une fois dispersés.

10° *Les livres écrits en langues peu connues, ou ceux d'un style macaronique ou corrompu à dessein.*

Les livres des Rabbins, des Caraïtes, Arabes, Persans, Grecs, sans version, qui ne conviennent qu'à très-peu de savants, sont très-rares.

Merlin Cocaye ou Théophile Folengio, Antoine *de Arena Passavantius,* ou plutôt Théodore de Beze, nous ont donné des ouvrages macaroniques, qui sont aussi fort rares et fort recherchés lorsqu'ils sont de la bonne édition.

LES LIVRES CONDAMNÉS

1° *Les livres qui traitent des arts superstitieux.*

Les livres de géomancie, chiromancie, physionomie et métoposcopie, magie, cabale, etc., ne sont faits que pour une petite portion de superstitieux ou de badins. Les vrais savants les méprisent ; mais les personnes qui y prennent plaisir les payent quelquefois fort cher, et les conservent précieusement ; ce qui fait qu'ils ne paraissent pas souvent dans les ventes publiques, et qu'ainsi ils sont rares.

2° *Les livres paradoxes et hétérodoxes.*

Ces livres sont ordinairement défendus ou supprimés, ce qui les fait rechercher, et en augmente le prix ; car il est des esprits bizarres qui se lassent des routes ordinaires et dévorent avec un tel empressement les ouvrages qui s'en écartent, qu'une édition est bientôt éparse et comme perdue, dès qu'une fois ils cherchent à s'en emparer, ce qui en cause infailliblement la rareté.

3° *Les livres obscènes.*

Ces sortes de livres se vendent ordinairement en cachette et ne conviennent qu'à peu de gens ; aussi ces livres ne se trouvent-ils que très-rarement dans les bibliothèques des curieux, et sont tellement dispersés qu'il n'est pas facile de les rencontrer.

4° *Les livres séditieux, ou préjudiciables à la société,*
les satyres et libelles diffamatoires.

Ces ouvrages, infectés pour l'ordinaire d'horreurs et de malignités, trouvent toujours assez de curieux parmi ceux qui se plaisent dans le désordre, pour avoir un prompt débit; mais comme ils sont supprimés dès leur naissance, ils ne sauraient être long-temps communs, et deviennent bientôt rares.

DES ÉDITIONS
DONT LA RARETÉ EST RELATIVE

Un livre peut être très-commun dont il y ait des éditions
très-rares; de ce nombre sont :

1° *Les éditions faites sur des manuscrits anciens.*

Quoique ces anciennes éditions soient souvent défectueuses, elles sont partout recherchées, parce qu'elles représentent en quelque sorte les manuscrits qui leur ont servi de modèle : il suffit qu'il y ait longtemps qu'elles aient vu le jour, et qu'il ne s'en soit conservé qu'un petit nombre d'exemplaires, pour qu'elles soient rares.

2° *La première édition de chaque ville.*

Comme il y a peu de villes où l'impression n'ait été établie depuis fort longtemps, ces premières épreuves se sont perdues ; on les recherche par curiosité, parce qu'elles peuvent servir à éclaircir différents points de l'histoire littéraire.

3° *Les éditions faites chez les célèbres imprimeurs des XVIe, XVIIe et XVIIIe siècles.*

La beauté du type, l'exécution typographique même et l'exactitude de l'ouvrage les font rechercher avec empressement, telles que celles de l'impression des *Aldes*, des *Juntes*, des *Torrentins*, des *Giolito*, des *Gryphes*, des *Rouilles*, des *Estiennes*, des *Vascosan*, des *Turnèbes*, des *Dolet*, des *Elzeviers*, des *Plantin*, des *Blaeu*, des *Coustelier*, des *Barbou*, des *Baskerville*, des *Didot*, etc. On apprend facilement à les connaître, en parcourant les grandes bibliothèques, qui sont autant de réceptacles où l'on conserve précieusement ces chefs-d'œuvre de l'art typographique.

4° *Les éditions imprimées avec des lettres ou des caractères particuliers et extraordinaires.*

Les éditions grecques imprimées en lettres capitales, comme l'Anthologie, Callimaque, Apollonius de Rhodes, Euripe, etc. Les deux éditions des *Aventures du Chevalier Teurdanck*, imprimées en Allemagne en 1516 et 1517, *in-folio*, dont les caractères, ornés de traits, font croire qu'ils ont été taillés en relief sur des planches, et les autres de cette trempe sont très-rares, très-curieux et très-difficiles à trouver.

5° *Les éditions que l'on n'a jamais mises en vente.*

Tels sont les ouvrages secrets qui sortent des presses impériales, royales ou nationales, et de celles particulières.

6° *Les éditions qui ont été débitées sous différents titres*

C'est un stratagème auquel le libraire, ou un auteur, ont souvent recours lorsqu'ils veulent déguiser un ouvrage qu'ils ne peuvent débiter publiquement, ou dont ils ne trouvent pas à se défaire; et cette remarque n'est pas à négliger.

ESSAI
SUR LES MOYENS DE DÉTACHER,
DE LAVER ET D'ENCOLLER
LES LIVRES, ET SUR LA RÉPARATION
DES PIQURES DE VERS,
DES DÉCHIRURES ET DES CASSURES
DANS LE PAPIER

CE chapitre rentre dans la technologie et, bien que plus aride que ceux qui l'ont précédé, il n'en intéressera pas moins tous les amis des livres.

On peut diviser les taches qui salissent les livres en deux catégories :

Les taches grasses produites par l'attouchement des doigts, le suif, l'huile, la graisse, l'encre d'impression, etc.

Les taches maigres produites par l'eau, la poussière, l'humidité, l'encre, etc.

Ces deux catégories peuvent être subdivisées en quatre classes :

Taches grasses.
{
Taches de suif, de stéarine, de graisse.

Taches produites par l'attouchement des doigts, l'huile, l'encre d'imprimerie.
}

Taches maigres.
{
Taches de rouille, de boue, de cire à cacheter.

Taches d'encre usuelle, d'humidité de poussière.
}

TACHES GRASSES.

Taches de suif, de stéarine, de graisse.

Pour enlever les taches de suif, de stéarine, de graisse, on opère comme nous l'indiquons ci-dessous :

Faire chauffer, au moyen d'un fer à repasser, la partie de la feuille qui est tachée, et appliquer du papier brouillard sur cette partie, à diverses reprises, jusqu'à ce qu'il s'imprègne de graisse. Ensuite, on passera légèrement (sur les deux côtés de la feuille), et, bien entendu, toujours aux endroits tachés, un pinceau trempé dans l'essence de térébenthine (que l on a eu soin de choisir bien blanche et bien fraîche), chauffée au bain-marie jusqu'à l'ébullition. Pour rendre la blancheur au papier, laquelle a été altérée par cette opération, on applique, partout où il y avait tache, un linge doux imbibé d'esprit-de-vin rectifié, et, comme l'essence, chauffé au bain-marie.

Taches produites par l'attouchement des doigts.

Les taches produites par l'attouchement des doigts, par l'huile, par l'encre d'imprimerie, offrent plus de difficultés pour les faire disparaître.

Plusieurs auteurs ont indiqué différents procédés dont nous nous sommes servi et avec lesquels nous avons complétement réussi. Mais nous ne devons pas laisser ignorer que, dans les premiers temps, nous n'avons pas obtenu de résultats satisfaisants, et que ce n'est qu'à force de pratique et de patience que les procédés suivants nous ont entièrement réussi.

Voici ce que dit Achard au sujet de *taches produites par l'attouchement des doigts :*

« On peut recouvrir la feuille tachée, aux endroits crasseux, d'une couche de savon blanc en gelée, et on la laisse dans cet état pendant quelques heures. Il est rare que, en la frottant ensuite avec un blai-

reau très-doux ou avec une éponge trempée dans
l'eau chaude, toute la crasse ne soit pas entraînée,
surtout quand le papier est lisse et sans écorchure.

« Si le savon en gelée ne suffit pas, on le remplace
par du savon noir; mais on le laissera peu de
temps sur le noir d'impression. On peut enfin recourir au chlorure de chaux (appliqué en bouillie)
ou aux solutions alcalines affaiblies. En tout cas,
après ces tentatives (qui amènent toujours un grand
résultat), on trempera l'estampe (ou le feuillet) dans
l'eau acidulée, puis on la laissera quelques heures
dans un bain d'eau pure.»

Taches d'huile.

Pour les taches d'huile, outre le procédé de Achard,
cité ci-dessus, et qui peut leur être également appliqué, on procède de la manière suivante :

Savon	une livre,
Argile	neuf onces.
Chaux vive	deux onces.

Mêler le tout avec de l'eau, de façon à former
une bouillie, ni trop liquide, ni trop épaisse, et
l'appliquer sur la tache, un quart d'heure après,
tremper la feuille dans un bain d'eau chaude, l'y
laisser une demi-heure, la retirer et la faire sécher.

Taches d'encre d'imprimerie.

Quant aux taches produites par le maculage, — ou par l'encre d'imprimerie, — nous avouons que, jusqu'ici, nous n'avons eu connaissance d'un auteur qui ait indiqué un procédé pour les enlever, et que, malgré nos expériences réitérées, il nous a été impossible de trouver une manière d'opérer sans abîmer le livre. Malgré cela, nous ne nous décourageons pas et nous espérons, tôt ou tard, arriver à la solution du problème que nous nous sommes posé, — à savoir : enlever les taches produites par l'encre d'impression, et surtout ces horribles cachets de cabinets de lecture qui déshonorent la plupart des livres de l'école romantique.

TACHES MAIGRES

Taches de rouille.

Par tache de rouille, nous entendons parler des taches produites par le jaunissement du papier fabriqué à la mécanique. On peut appeler ces taches taches de rouille, puisqu'elles sont dues, non à une altération de la matière organique, mais à du peroxyde de fer. Ces taches persistent en présence des liqueurs alcalines, tandis que les liqueurs acides les dissolvent rapidement. Nous ne nous occuperons pas de la formation des taches rondes qui se trouvent au milieu des taches jaunes; ce phénomène de cristallisation rentre trop dans le domaine de la science, que nous ne voulons qu'effleurer ici.

L'emploi de l'eau de javelle étendue de deux fois son volume d'eau fait disparaître ces taches.

Cette opération, si simple qu'elle paraisse être, présente assez de difficultés dans son exécution pour que nous croyions devoir en parler plus longuement.

Tout d'abord, on doit se procurer une presse et une bassine dont nous allons donner les descriptions.

La presse la plus commune — en bois — est celle qui remplit mieux le but. La bassine doit avoir de 0,80 à 1 mètre de long; en tout cas, la largeur de la presse, entre les deux montants, doit être au moins égale à la plus petite largeur de la bassine, — de façon que l'on puisse placer sous presse les feuilles contenues dans cette bassine sans avoir besoin de les déplacer. Cette bassine doit avoir, dans un des quatre angles inférieurs, une ouverture ou mieux un goulot qui se ferme par un bouchon. Après avoir laissé tremper les feuilles pendant une demi-heure environ, dans l'eau de javelle (étendue, comme nous l'avons dit plus haut, de deux fois son volume d'eau), on met la bassine sous la presse, et au moyen de billots, — dans le cas où les feuilles ne forment pas une hauteur assez grande pour que le plateau de la presse puisse les atteindre sans abîmer la bassine, on forme une élévation, — entre les feuilles et le plateau de la presse, — puis on met sous presse. Par le moyen de l'ouverture pratiquée à la bassine, on écoule le liquide dans un vase quelconque. Une fois le pressage opéré de façon que les feuilles ne contiennent que le moins de liquide possible, on les met dans une autre bassine remplie d'eau; et, au bout d'une heure, on les remet sous presse comme il est indiqué ci-dessus. Cette seconde opération doit se faire de deux à trois fois; elle est nécessaire pour que le papier conserve le moins possible l'odeur de l'eau de javelle.

Après ces diverses opérations de lavage et au sortir de la presse, les feuilles doivent être étendues à l'ombre et dans un endroit sec. Ordinairement, le nombre des feuilles à étendre ensemble, c'est-à-dire l'une sur l'autre, dépend de la force du papier; c'est à l'opérateur de s'en rendre compte. On se sert, pour l'étendage de ces feuilles, de cordes en crin *

---

* Quelques personnes emploient les cordes faites avec de la filasse de chanvre. Ces cordes ont l'inconvénient de se pourrir très-vite et, ce qui est pire, de tacher les feuilles que l'on y place,

disposées à une certaine hauteur et sur lesquelles
on place les feuilles à califourchon au moyen d'une
planche fixée verticalement au bout d'un manche
quelconque, assez long pour que l'on puisse placer
les feuilles sur les cordes sans aucune difficulté et
sans crainte de déchirer le papier.

Une fois les feuilles séchées, et si l'on veut faire
un bel exemplaire du livre que l'on lave, on doit lui
faire subir une autre opération au moyen de l'encollage. Nous indiquons plus loin quelques procédés
d'encollage à chaud et à froid.

Taches de boue.

Les taches de boue cèdent à une gelée de savon
étalée également sur les endroits tachés. Une demi-
heure après, on trempe la feuille dans l'eau pure, et,
au moyen d'un blaireau bien doux, on détache le
savon, qui, en partant, entraîne la boue avec lui.

Taches de cire à cacheter.

Les taches de cire à cacheter cèdent au moyen de
l'emploi des mêmes procédés indiqués plus haut
pour les taches de suif, de stéarine et de graisse.

Taches d'encre usuelle.

Un grand nombre de procédés sont connus pour
l'enlèvement des taches d'encre. Nous n'indiquerons

que les deux qui nous ont paru offrir le moins de difficultés dans l'exécution.

Le premier consiste dans l'emploi de l'eau de javelle et de l'oxalate de potasse, dont on se sert simultanément jusqu'à parfaite réussite, et après avoir préalablement mouillé la feuille sur laquelle on opère.

Le second demande plus d'attention ; il consiste dans l'emploi du sel d'oseille et de l'acide chlorhydrique. On laisse tremper le feuillet taché dans une dissolution concentrée de sel d'oseille, jusqu'à ce que la tache ait pris la couleur de la rouille ; ensuite, on le trempe dans l'acide chlorhydrique étendu de cinq ou six fois son volume d'eau. Le feuillet ne doit pas rester longtemps dans cette seconde immersion, sans cela le papier pourrait se déchirer par suite de l'amollissement qu'il aurait subi. On termine l'exécution de ce second procédé, en lavant le feuillet dans l'eau pure et en le faisant sécher lentement et à l'ombre.

On peut encore enlever les taches d'encre au moyen de l'acide muriatique oxygéné ; mais ce procédé offre plus de difficultés que ceux indiqués ci-dessus, et nous n'en parlons que pour mémoire.

En Allemagne, on vend une poudre pour enlever les taches d'encre. Cette poudre consiste en parties égales d'oxalate de potasse, d'acide oxalique et d'alun glacé. Son emploi est simple : on la place sur la tache que l'on a mouillée au préalable, et quelques minutes après on trempe le feuillet dans l'eau pure. Il est vrai de dire que ce procédé n'est pas infaillible et que quelquefois la tache n'est pas complétement enlevée; il suffit de recommencer la même opération jusqu'à parfaite réussite.

Taches d'humidité.

Un bain dans l'eau bouillante suffit quelquefois pour enlever les taches d'humidité; mais, si elles résistent, il faut employer l'acide chlorhydrique étendu de dix-huit fois son volume d'eau, ou bien encore le procédé indiqué pour les taches de rouille et que nous avons décrit plus haut. Dans ces deux derniers cas, si le papier taché a été encollé (si toutefois il l'est) en pâte, à la résine, son encolle résistera; mais, s'il a été encollé à la gélatine, il perdra cette encolle animale et on devra recourir à l'encollage pour lui rendre la force qu'il aura perdue par l'action de l'acide chlorhydrique ou de l'eau de javelle.

Taches de poussière.

Les taches de poussière et autres taches sans importance s'enlèvent quelquefois au moyen d'un coup de gomme. On peut recourir aussi à l'emploi de la terre bolaire blanche (argile obtenue en poudre fine au moyen de la dilatation). On procède comme suit: mettre sur les endroits tachés une couche de terre bolaire de l'épaisseur d'un centime, placer dessus une feuille de papier et mettre sous presse. Au bout de vingt-quatre heures, et si l'opération n'a pas réussi, on remet une seconde fois sous presse. Ce procédé réussit aussi pour enlever les petites taches de graisse, d'huile ou de suif; dans ce cas, on procède de même, en ayant soin de mettre de la terre sur les deux côtés de la tache.

LAVAGE ET ENCOLLAGE DES LIVRES

Lavage.

Nous avons parlé du lavage des livres à l'article ci-dessus (Taches de rouille). C'est le seul procédé à employer. Il y a bien le lavage fait au moyen d'une lessive faite de cendre de bois de chêne; mais, outre la difficulté du procédé, il faut une grande habitude pour son emploi, sous peine de faire couler l'encre d'impression et de gâter entièrement un livre qui, bien que mouillé et taché, a toujours quelque valeur, puisqu'au moyen de procédés simples et pratiques on peut en faire un bel exemplaire.

Encollage.

L'encollage peut se faire de deux manières, à froid ou à chaud.

L'encollage à froid est d'une grande utilité pour les petits travaux, pour les feuilles séparées : par exemple, le faux titre d'un livre, imprimé sur papier sans colle et sur lequel on veut inscrire une dédicace.

Pour faire cette encolle, on prend 10 grammes de gélatine blanche que l'on verse dans un demi-litre d'eau chaude. Une fois refroidie, cette encolle peut servir chaque fois que l'on en a besoin.

L'encollage à froid peut encore se faire de la manière suivante :

On met chauffer, dans un vase quelconque, un litre d'eau potable. Aussitôt que l'eau est bouillante, on y met 40 grammes de gomme laque en poudre; dès que ce mélange renfle, on remue avec une spatelle en bois et on y ajoute 8 grammes de borax, qui doivent suffire pour faire complétement fondre la gomme laque et la transformer en colle. Il faut observer que plus on mélange le borax, plus la colle est épaisse. Une fois refroidie, passée au tamis, pour éviter les grumeaux, cette colle peut se conserver indéfiniment sans éprouver la moindre altération.

Pour l'encollage à chaud, on prend :

6 gr. pour un litre d'eau, alun cristallisé.

8 gr.   id.   colle de poisson.

1 gr.   id.   savon blanc.

On fait bouillir le tout (au bain-marie) pendant une heure, on passe au tamis, on verse cette colle dans une bassine en tout semblable à celle décrite plus haut, et on y place les feuilles, les unes après les autres, ayant soin que toutes s'imprègnent bien. On met sous presse. L'étendage des feuilles encollées doit se faire immédiatement après les avoir retirées de dessous la presse. Il faut le faire avec grand soin et les disposer comme il est dit pour les feuilles lavées à l'eau de javelle.

RÉPARATION DES PIQURES DE VERS, DES DÉCHIRURES ET DES CASSURES DANS LE PAPIER

Piqûres de vers.

Quelques personnes patientes recollent fort adroitement du papier et font disparaître par ce moyen les piqûres de vers. Ce procédé peut être employé utilement sur la marge des livres; mais il est impraticable si les piqûres de vers ont endommagé l'impression, à moins que l'on n'ait recours à un imprimeur adroit pour refaire les lettres cachées par le raccommodage. Un autre procédé consiste à se procurer du papier en tout semblable à celui sur lequel le livre est imprimé; et, après avoir laissé tremper quelque temps la feuille trouée, on y applique une bouillie faite de colle d'amidon et de ce papier mouillé; on laisse sécher et on martèle la place raccommodée, ayant soin de frapper doucement de crainte de *brûler* le papier.

Il faut, comme toujours, avoir de la patience et un peu de pratique pour être sûr de réussir.

Déchirures.

La meilleure manière de réparer les déchirures faites à une feuille de papier est de faire tremper cette feuille dans un bain d'eau bouillante; on la retire quelques minutes après, on la met entre deux feuilles de papier brouillard pour la sécher un peu; et, se servant de colle d'amidon, que l'on a eu soin de colorer semblable à la feuille déchirée, on rejoint oit adroitement les bavures, on laisse sécher et on met sous presse.

Cassures.

La réparation des cassures faites au papier demande plus de soin et plus d'attention que celle à faire pour les déchirures.

Pour effectuer cette réparation, Gandellini, dans sa *Notizie storiche degli itagliatoni*, nous indique le procédé suivant : « On choisit d'abord un morceau de papier semblable à celui de la page que l'on veut réparer, et quant à l'épaisseur, et quant au grain et à la couleur *.

« On coupe de ce papier un morceau de la grandeur et de la forme justes de la partie à raccommoder.

« Ceci, quelque difficile qu'il semble, se fait aisément, en mettant le papier choisi sous la partie endommagée et ayant seulement soin de le placer sur la direction de ses rides et de ses raies.

« Après cela, on fait, avec un tire-marge ou une plume trempée dans l'eau de gomme, le contour de la partie endommagée, quelque irrégulière qu'elle soit.

« On met de suite le papier choisi, ainsi dessiné ou trempé avec le contour nécessaire, sur une table ; et, en tirant soigneusement dans tous les sens les extrémités du morceau, on en sépare tout ce qui se trouve de superflu à l'entour.

---

* Si la couleur n'est pas semblable, on parvient facilement à la rendre telle, en trempant le papier dans une aquelle convenable.

« Le morceau reste, de cette manière, non-seulement de la forme et de la grandeur voulues, mais
encore entouré de filaments ou de poils, qui aident
singulièrement à le coller sur le papier à raccommoder, et à bien joindre les deux parties. »

Nous ajouterons à cet ingénieux et praticable
procédé que, pour coller les deux morceaux, on doit
se servir de colle d'amidon, mêlée avec de la colle
de poisson, et de chaux de coque d'œuf pulvérisée
ce qui donne au mélange la consistance d'un on-
guent tendre.

On étend de cette pâte le moins possible sur les
deux morceaux, et sur-le-champ on applique l'un
sur l'autre.

On met ensuite la partie raccommodée entre deux
morceaux de toile fine, et on met sous presse ; on la
laisse jusqu'à ce que les deux jointures aient un peu
séché ; après quoi, on les presse avec un couteau
d'ivoire, afin que les deux morceaux se pénètrent
mutuellement.

Quand la partie réparée est complétement sèche,
on la place entre deux feuillets de papier, sur lesquels
on passe, autour des jointures, et en les rasant, une
baguette d'ivoire, pour rendre la surface unie et
aussi plane que possible.

Si on fait tout ceci avec l'attention et l'adresse

que cette opération demande, on ne reconnaîtra plus la partie endommagée que l'on a soi-même restaurée.

Paris. — Typ. Tolmer et Isidor Joseph, 43, rue du Four-St-Germ

CATALOGUE

DE

LIVRES ANCIENS

ET MODERNES

QUI SE TROUVENT EN VENTE AUX PRIX MARQUÉS

A LA

Librairie Édouard ROUVEYRE

1, rue des Saints-Pères, 1

PARIS

ACHAT — ÉCHANGE — VENTE — EXPERTISE

☞ Histoire des religions, Sciences occultes, Mnémonique, Beaux-Arts, Musique, Linguistique, Théâtre, Géographie ancienne et moderne, Histoire des villes et des anciennes provinces de France, Noblesse, Archéologie, Bibliographie, Histoire de l'Imprimerie, Céramique, Histoire de France, etc.

☞ Livres curieux et singuliers.

☞ Suite de figures pour servir à l'illustration des livres.

☞ Anciennes vues de villes de France, par Chastillon, Silvestre, etc.

MM. les Amateurs avec lesquels nous avons l'honneur d'être en relation sont priés de nous communiquer les noms et adresses des personnes que nos catalogues peuvent intéresser.

LIBRAIRIE ANCIENNE ET MODERNE

ÉDOUARD ROUVEYRE, 1, rue des Saints-Pères, Paris.

VIENT DE PARAITRE :

CATALOGUE

DES

OUVRAGES, ÉCRITS ET DESSINS

DE TOUTE NATURE

POURSUIVIS, SUPPRIMÉS

OU

CONDAMNÉS

Depuis le 21 octobre 1814 jusqu'au 31 juillet 1877

Édition entièrement nouvelle, considérablement augmentée

SUIVIE DE LA TABLE
DES NOMS D'AUTEURS ET D'ÉDITEURS

Et accompagnée de Notes bibliographiques et analytiques

PAR

FERNAND DRUJON

Cet ouvrage formera un beau et fort volume grand in-8° de plus de 400 pages, et sera publié en cinq livraisons.

La 5e et dernière livraison contiendra la couverture et le titre imprimés en rouge et en noir, la préface et la table des noms d'auteurs et d'éditeurs.

Le prix de chaque livraison est fixé ainsi qu'il suit :

	Exemplaire sur papier vélin . .	2 »
50	Exemplaires sur grand papier vélin anglais . . . . . (Numérotés de 1 à 50.)	3 »
10	Exemplaires sur papier de Chine. . . . . . . (Numérotés de I à X.)	5 »

☞ L'acquisition de la première livraison entraîne, de la part de l'acquéreur, l'obligation de prendre les suivantes.

3603. — Paris. — Typ. Tolmer et Isidor Joseph

www.ingramcontent.com/pod-product-compliance
Lightning Source LLC
Chambersburg PA
CBHW051725090426
42738CB00010B/2091